浙江省普通高校"十三五"新形态教材

浙江省 2018 年重点出版物出版计划

2019 年度浙江省社科联人文社科出版资助项目（19WT09）

U0749901

东风西潮

——历史上的中国与世界

杨齐福 著

浙江工商大学出版社

ZHEJIANG GONGSHANG UNIVERSITY PRESS

·杭州·

图书在版编目(CIP)数据

东风西潮：历史上的中国与世界 / 杨齐福著. —
杭州：浙江工商大学出版社，2019.11
（网络化人文丛书 / 蒋承勇主编）
ISBN 978-7-5178-3524-0

Ⅰ. ①东… Ⅱ. ①杨… Ⅲ. ①中国历史－研究 Ⅳ.
①K207

中国版本图书馆 CIP 数据核字(2019)第 230955 号

东风西潮——历史上的中国与世界
杨齐福 著

出 品 人	鲍观明
责任编辑	王　耀　白小平
封面设计	林朦朦
责任印制	包建辉
出版发行	浙江工商大学出版社
	（杭州市教工路 198 号　邮政编码 310012）
	（E-mail:zjgsupress@163.com）
	（网址:http://www.zjgsupress.com）
	电话:0571-88823703,88831806(传真)
排　　版	杭州朝曦图文设计有限公司
印　　刷	杭州宏雅印刷有限公司
开　　本	787mm×960mm　1/32
印　　张	5.375
字　　数	85 千
版 印 次	2019 年 11 月第 1 版　2019 年 11 月第 1 次印刷
书　　号	ISBN 978-7-5178-3524-0
定　　价	28.00 元

总　序

从普及人文知识，提升大学生和社会公众人文素养的宗旨出发，我们精心策划编写了这套"文字—视频—音频"三位一体的"网络化人文丛书"。其定位是：人文类普及读物，兼顾知识性、学术性、通俗性；既可作为大学人文通识课教材，又可作为社会公众的普及读物。

移动网络时代，"屏读"逐步改变着人们的阅读方式，传统的"纸读"在人们的阅读生活中有日渐淡出之势。常常有人称"屏读"为肤浅的"碎片化"阅读，缺乏知识掌握的系统性和文本理解的深度，因此，我对此种阅读方式表示忧虑。

我以为，我们应该倡导有深度和系统性的阅读——主要指传统的"纸读"，但是，对所谓"碎片化"的阅读，也不必一味地批评与指责。这不仅是因为"屏读"依托于网络新技术因而有其不可抗拒性，还因为事实上这种阅读方式也未必都是毫无益处甚至是负面的，关键是网络时代人们的心境已然不再有田园牧歌式的宁静与悠然，而是追求单位时间内阅读的快捷性和有效性，这符合快节奏时代人们对行为高效率的心理诉求。我们没有理由在强调不放弃传统阅读方式的同时，非得完全拒斥移动网络时代新的阅读方式,而应该因势利导,为新的阅读方式提供更优质的阅读资源和更多元化的阅读渠道。

基于此种理念,这套"网络化人文丛书"力求传统与现代、人文与技术的融合,通过二维码技术使"纸读"与"屏读"(视频、音频)立体呈现,文字、视频和音频"三位一体",版式新颖;书稿内容力求少而精,有人文意蕴,行文深入浅出、雅俗共赏,在一般性知识介绍与阐释的基础上有学术的引领和提升;语言简洁、明了、流畅,可读性强,既不采用教材语言,也不采用学术著作语言,力图让其成为网络时代新的阅读期待视野下大学生和社会公众喜闻乐见的人文类普及性读物。

我们坚信,这样的写作与编辑理念是与时代精神及大众阅读心理相契合的。不知诸君以为如何?

蒋承勇

2018 年 8 月

目 录

引　言　宅兹中国

一、何谓中国?

什么是中国？这个问题本来不是问题，但近年来，随着欧美“新清史”的兴起，“什么是中国？”“中国是什么？”的问题喧嚣一时。有学者认为历史上的“中国”是一个多变的地理概念、文化概念和民族概念。（胡阿祥：《何谓历史？何谓中国？》）

历史上中与国两个字是分开的。中在甲骨文里为，像“有旒之旆”（有飘饰的旗帜），士众围绕“中”（旗帜）听命，“中”引申为空间上的中央。“国”繁体为“國”，殷墟甲骨文中尚无此字，周初金文中出现“或”及“國”字，指城邑。“中”与“国”组成“中国”一词，较早见于周初。1963 年陕西宝鸡出土了青铜器《何尊》，其铭文云：“唯武王既克大邑商，则廷告于天，曰：‘余其宅兹中国，自之乂

民．'"这里的"中国"指天下的中心。《尚书·周书·梓材》载："皇天既付中国民，越厥疆土于先王。"这里的"中国"指关中至河洛一带的中原地区。

历史上，中国这一概念是多元的，随着时代的变动而变动。具体而言：

第一，历史上的中国是一个空间概念。"中国"一词既指都城京师，又指一国之中。譬如《诗经·大雅·民劳》云："民亦劳止，汔可小康。惠此中国，以绥四方。"汉刘熙为《孟子》作注云："帝王所都为中，故曰中国。"这里的"中国"就是指"王畿"。《孟子·万章章句上》云："夫然后之中国，践天子位焉。"以上这些"中国"皆指居天下之中的都城，即京师。《穀梁传·昭公三十年》注："'中国'，犹国中也。"这里的"中国"指一国之中。

第二，历史上的中国是一个文化概念。"中国"与"夷狄"相对应，指文明早惠的国度。如《史记·赵世家》载："中国者，盖聪明徇智之所居也，万物财用之所聚也，贤圣之所教也，仁义之所施也，诗书礼乐之所用也，异敏技能之所试也，远方之所观赴也，蛮夷之所义行也。"这里的"中国"具有文化中心的内涵。韩愈《原道》云："诸侯用夷礼则夷之，进于中国则中国之。"《诗经·小雅·六月

序》云："小雅尽废，则四夷交侵，中国微矣。"

第三，历史上的中国是一个政治概念，是国家的代名词。我国古代多用朝代做国名（如汉代称"汉""大汉"，唐代称"唐国""大唐"，清代称"清国""大清"）。外国人往往以我国历史上强盛的王朝（如秦、汉、唐）或当时的王朝称呼中国人，如日本长期称中国人为"秦人"，称中国为"汉土""唐土"，江户时称中国人为"明人""清人"。《史记·大宛列传》载："天子既闻大宛及大夏、安息之属，皆大国，多奇物、土著，颇与中国同业，……乃令骞因蜀、犍为发间使，四道并出。"这里的"中国"为非正式的国名。宋代石介的《中国论》云："天处乎上，地处乎下，居天地之中者曰中国，居天地之偏者曰四夷，四夷外也，中国内也。"这里的"中国"一词便具有国体意味。元朝皇帝开始称自国为"中国"。《元史》（卷九五《列传·外夷一》）载，元世祖忽必烈（1215—1294）派往日本的使臣所持的国书，称自国为"中国"，将日本、高丽、安南、缅甸等邻邦称为"外夷"。

梁启超曾云："吾人所最惭愧者，莫如我国无国名之一事。寻常通称，或曰诸夏，或曰汉人，或曰唐人，皆朝名也。外人所称，或曰震旦，或曰支那，皆非我所自命之名也。"（《中国史叙论》）中国曾被其他国家称为 china（瓷器）、震旦。瓷器是古老中国的伟大发明。东汉时期瓷器诞生，以清釉瓷为代表；隋唐时期出现了青瓷、白瓷两大单色瓷系，并产生了刻花、印花、剔花、镂空等装饰技术；宋代名窑、名瓷众多，汝窑、哥窑、钧窑、定窑和官窑被称为中国五大名窑；元代，青花瓷风靡天下；明清时期，瓷器生产技术大为进步，达到历史最高水平，如釉下彩、珐琅彩等瓷器装饰技术。精美绝伦的瓷器通过"丝绸之路"销往全世界，中国也被称为"瓷器之国"。于是，英文中"中国"和"瓷器"皆为同一词"china"。震旦，又作真旦、真丹、振旦、振丹，意谓东方日出之地。《翻译名义集》（卷三）云："东方属震，是日出之方，故云震旦。"印度人以此指称中国。

二、历史上中国与现代中国

谭其骧认为，应当以清中叶时中国的范畴作为历史中国的范畴。他在《历史上的中国和中国历代疆域》中说："我们是如何处理历史上的中国这个问题的呢？我们是拿清朝完成统一以后，帝国主义侵入中国以前的清朝版图，具体地说，就是从 18 世纪 50 年代到 1840 年鸦片战争以前这个时期的中国版图作为我们历史时期的中国的范

围。不管是几百年也好,几千年也好,在这个范围之内活动的民族,我们都认为是中国史上的民族;在这个范围之内所建立的政权,我们都认为是中国史上的政权。简单的回答就是这样。超出了这个范围,那就不是中国的民族了,也不是中国的政权了。"他接着解释道,首先不能拿古人心目中的"中国"作为中国的范围。"'中国'两个字,按照现在的用法,形成是很晚的。鸦片战争以后的早期一段时间内还没有完全形成,基本上到了晚清时才形成。'国'就是表示我们国家的主权所达到的范围,这是鸦片战争后经过了几十年才逐渐形成的。"其次,既不能以古人的"中国"为历史上的中国,也不能拿今天的中国范围来限定历史上的中国范围。谭其骧认为:应该采用整个历史时期,整个几千年来历史发展所自然形成的中国为历史上的中国。我们认为 18 世纪中叶以后、1840 年以前,中国的范围是我们几千年来历史发展所自然形成的中国的范围,也就是我们历史上的中国的范围。至于现在的中国疆域,已经不是历史上自然形成的那个范围了,而是这一百多年来先后被资本主义列强、被帝国主义侵略者宰割了我们部分领土的结果,所以不能代表我们历史上的中国的疆域了。(谭其骧:《历史上的中国和中国

历代疆域》)葛剑雄在《普天之下——统一分裂与
中国政治》中谈道,所谓历史上的中国,既不应
该等同于历代的奴隶制和封建制王朝,当然更不
应该与汉族人居住地区或中原地区画等号。历
史上的中国,应该包括我们所明确规定的地域范
围内的一切政权与民族。长期以来,中国与世界
的历史被视为华夏和夷狄的历史。葛兆光认为,
历史上的中国是一个中心清楚但边缘不断变动
的国家:首先,历史上的"中国"是一个移动的
"中国";其次,历史上的中国是一个相当稳定的
"文化共同体";最后,历史上的中国不等同于
"王朝"。(葛兆光:《宅兹中国》)赵汀阳则指出:
一方面,在今天被称为中国的这片大地上发生的
历史并不完全属于中国,其中,部分时间里的某
些事情虽发生在今日中国之地,却不属于中国历
史;另一方面,历史上部分时间里的中国地域曾
经远大于今日中国之地,部分地域虽已不属于现
代中国,却属于中国的历史。因此,就今日的现
实而言,中国同时是一个国家、一个文明和一个
历史,但在时间上,作为一个国家的中国、作为
一个文明的中国与作为一个历史的中国却不是
同时发生的,而是逐步形成而最终合一的。(赵
汀阳:《惠此中国》)

　　长期以来，人们有一个假定的共识：中国是中原文化不断向周围扩散、传播而形成的。张光直指出这个看法其实是个错觉，事实是各地文明相互交流。这是由于中原地区出土的考古成果较多，后来随着各地考古的展开，人们发现各地皆有与中原水平同等或近似的文明，而且各地文明都有某些相似之处。于是，学者将中国早期文明描述为"满天星斗"模式。赵汀阳认为，贯穿中国古代历史的动力结构是"旋涡模式"：众多相关者抵抗不住利益的诱惑而前赴后继地加入以中原为核心的博弈，随着博弈旋涡的规模逐步扩大，向心力的力度也随之增强，最终形成了一个稳定的广域中国。（赵汀阳：《惠此中国》）

　　为了更好地认识中国，一些学者尝试抓住中国的特性来理解中国。黄仁宇认为，第一帝国（秦汉）带有贵族性，第二帝国（宋元）带有扩张性，第三帝国（明清）带有收敛性。（黄仁宇：《中国大历史》）清末，梁启超曾把中国放在世界视野中进行考察，进而把中国历史分为三个阶段：第一阶段上世史，"自黄帝以迄秦之统一，是为中国之中国，即中国民族自发达、自争竞、自团结之时代也"；第二阶段中世史，"自秦一统后至清代乾隆之末年，是为亚洲之中国，即中国民族与亚洲其他各民族交涉频繁、竞争最烈之时代也";第三阶段近世史，"自乾隆末年以至于今日，是为世界之中国，即中国民族合同全亚洲民族，与西人交涉竞争之时代也"。（梁启超:《中国史叙论》）

1 先秦时期的中国与世界

中国文明发源于黄河流域①,古埃及文明发源于尼罗河流域,古巴比伦文明发源于幼发拉底河流域,古印度文明发源于恒河流域,古希腊文明发源于地中海沿岸。先秦时期,东西方文明独立发展,取得了辉煌的成就,进而为人类文明由愚昧、野蛮走向成熟、理性奠定了基础。

1.1 从传说到历史:三皇五帝

一般地,人们把有文字记载的历史称为"信史",无文字记载的历史称为"传说"。随着 20 世纪初考古学的发展与殷墟的挖掘,人们把盘庚以前的时代称为"传说时代",把盘庚以后的时代称

---

① 苏秉琦提出,中华文化的发源地绝非局限在黄河中游的狭小地区,而是散布在数百万平方公里的辽阔版图上,犹如满天星斗,熠熠发光。《关于考古学文化的区系类型问题》,《文物》1981 年第 5 期。

为"历史时代"。

在传说时代,"三皇五帝"为这个时期的传说主题。"三皇五帝"的名称早可见诸春秋战国时期的文献。如《周礼·春官·大宗伯》载:"外史掌书外令,掌四方之志,掌三皇五帝之书。"《庄子·天运》载:"故夫三皇五帝之礼义法度,不矜于同而矜于治。"

何谓"三皇"?一说指天、地、人。如《史记·秦始皇本纪》曰:"古有天皇,有地皇,有泰皇,泰皇最贵。"学者推测泰与大同音,大字像人形,泰皇即人皇。司马贞《补三皇本纪》云:"天皇、地皇、人皇为三皇。"另一说指历史人物。三皇究竟是哪些人?有的主张三皇应为燧人、伏羲、神农,有的主张三皇应为伏羲、神农、女娲,有的主张三皇应为伏羲、神农、黄帝,有的主张三皇应为伏羲、神农、共工,有的主张三皇应为伏羲、祝融、神农……但大多数人主张三皇应为燧人、伏羲、神农。传说,"燧人始钻木取火,炮生为熟,令人无复腹疾,有异于禽兽",伏羲"结绳为网罟,以田以渔",神农"始作耒耜,教民耕种,美其衣食"。(应劭:《风俗通义》)燧人发明人工取火技术,伏羲发明网罟渔猎技术,神农发明农业种植技术,推动了社会发展,改善了人们生活。此"三皇"说正是以三大技术发明为标志的。

历史上有关五帝的说法各不相同,有的以黄

帝、颛顼、帝喾、尧、舜为五帝,有的以伏羲、神农、黄帝、少昊、颛顼为五帝,有的以少昊、颛顼、帝喾、尧、舜为五帝,有的以伏羲、神农、黄帝、尧、舜为五帝。大多数人以黄帝、颛顼、帝喾、尧、舜为五帝。司马迁在《史记·五帝本纪》中云:"自黄帝至舜、禹,皆同姓而异其国号,以章明德。"相传黄帝长于姬水,遂以姬为姓,颛顼是他的孙子,帝喾是他的曾孙,尧是他的玄孙,舜是他的第八代玄孙。此外,夏、商、周的祖先禹、契、弃都是黄帝的玄孙。《史记·夏本纪》载:"禹之父曰鲧,鲧之父曰帝颛顼,颛顼之父曰昌意,昌意之父曰黄帝。禹者,黄帝之玄孙而帝颛顼之孙也。"《史记·殷本纪》载:"殷契,母曰简狄,有娀氏之女,为帝喾次妃。"《史记·周本纪》载:"周后稷,名弃。其母有邰氏女,曰姜原。姜原为帝喾元妃。"因此,黄帝被视为华夏民族的始祖。

《竹书纪年》记载:黄帝在位一百年,颛顼在位七十八年,帝喾在位六十四年,帝尧在位一百年,帝舜在位五十年。但古人的寿命大多在三四十岁,不大可能活到上百岁。于是,学者倾向于将五帝视为一个时代。

1.2 从神本走向人本:夏、商、周

众所周知,古人言必称三代。"三代"指夏、

商、周三个朝代。《夏商周年表》定夏代始年约为公元前 2070 年，夏、商的分界线约为公元前 1600 年，商、周的分界线为公元前 1046 年。尽管三代距今十分遥远，但在后人眼里，它们是圣贤的时代，是理想的王国。

夏始于禹。①《史记·夏本纪》载："帝舜荐禹于天，为嗣。十七年而帝舜崩。三年丧毕，禹辞辟舜之子商均于阳城。天下诸侯皆去商均而朝禹。禹于是遂即天子位，南面朝天下，国号曰夏后，姓姒氏。"禹在先秦文献中称"夏禹""大禹"等。相传其历史事迹主要有大禹治水、征战三苗、涂山之盟、禹铸九鼎等。大禹治水"过家门不敢入。薄衣食，致孝于鬼神。卑宫室，致费于沟淢。陆行乘车，水行乘船，泥行乘橇，山行乘檋。左准绳，右规矩，载四时，以开九州，通九道，陂九泽，度九山"。三苗大乱，"高阳乃命玄宫，禹亲把天之瑞令以征有苗"，战胜三苗后，划分山川，区分上下，节制四方，神民和顺，天下安定。禹娶涂山女，生子启，并与诸侯会盟，这就是涂山之盟。《史记·五帝本纪》载："禹曰：'予（辛壬）娶涂山，[辛壬]癸甲，生

---

① 顾颉刚在《古史辨》中认为"禹或是九鼎上铸的一种动物"。

启予不子,以故能成水土功。'"鼎是统治者权力的象征。何休注《春秋公羊传·桓公二年》曰:"礼祭,天子九鼎,诸侯七,卿大夫五,元士三也。"《史记·封禅书》记:"禹收九牧之金,铸九鼎。"禹铸九鼎之传说由是流传开来。禹死后,其子启自立为王,打破禅让传统,开始"家天下"的统治。夏朝末年,桀荒淫无度,众叛亲离,民众发出"是日何时丧?予与汝皆亡!"之声,夏朝遂为成汤所灭。古本《竹书纪年》说:"自禹至桀十七世,有王与无王,用岁四百七十一年。"

成汤打败夏桀后,以亳为都,建立商朝;后盘庚迁都于殷,人称"殷商"。商的始祖契,其"母曰简狄,有娀氏之女,为帝喾次妃。三人行浴,见玄鸟堕其卵,简狄取吞之,因孕生契"(《史记·殷本纪》)。因此,《诗经·高颂·玄鸟》云:"天命玄鸟、降而生商。"盘庚迁都是商朝历史上的一件大事。盘庚是成汤的第九代孙子,是商朝第二十个皇帝。"自中丁以来,废适而更立诸弟子,弟子或争相代立,比九世乱,于是诸侯莫朝。"(《史记·殷本纪》)为了缓和社会矛盾,挽救商朝颓势,盘庚决定迁都殷,以削弱贵族势力,加强专制王权。商纣王是商朝第三十个皇帝,"好酒淫乐,嬖于妇人。爱妲己,妲己之言是从","以酒为池,县肉为林,使男女裸相逐其间,为长夜之饮",重刑罚、杀比干、囚箕子。周武王发兵讨伐,纣王自焚而死。

周始祖后稷,名弃,"其母有邰氏女,曰姜原。姜原为帝喾元妃。姜原出野,见巨人迹,心忻然说,欲践之,践之而身动如孕者"。弃在舜时担任农师,教民耕种,分封于邰。商初,族人先迁至豳,后又迁到周院,自称为周。周武王在姜子牙和周公旦的辅佐下,联合诸侯,打败商军,杀死纣王,建立周朝,定都镐京,分封诸侯,"封神农之后于焦,黄帝之后于祝,帝尧之后于蓟,帝舜之后于陈,大禹之后于杞","封尚父于营丘,曰齐。封弟周公旦于曲阜,曰鲁。封召公奭于燕。封弟叔鲜于管,弟叔度于蔡"。(《史记·周本纪》)据说,周武王分封了71个诸侯国,其中兄弟之国15个,同姓之国40个,其目的是加强对各地的控制,以巩固统治基础。周武王病死后,子成王执政,成王年幼,由周公旦辅政。周公辅政七年,不但平息了商朝旧贵族叛乱,还制定了一系列规章制度,为"成康之治"奠定了基础。[1] 周厉王在位期间任用佞臣,连年征战,挥霍无度。愤怒的民众发起暴动,将周厉王

---

[1] 《史记·周本纪》载:"成康之际,天下安宁,刑错四十余年不用。"

流放,由周公和召公共同执政,史称"周召共和",是年为"共和元年"(公元前841年),从此,中国历史有了明确且连续的纪年。周幽王继位后,奢侈腐化,宠爱褒姒,"生子伯服,竟废申后及太子,以褒姒为后,伯服为太子"。为博褒姒一笑,周幽王烽火戏诸侯。申后之父申侯联合犬戎攻打周幽王,杀其于骊山脚下,立原太子宜臼为平王。周平王登位后,因犬戎不时骚扰,迁都洛邑(洛阳)。周平王迁都之前国号为西周,迁都之后改为东周。

1.3 从有序到无序:春秋战国

东周时期,帝室衰微,诸侯纷争。历史上把周平王元年到秦始皇统一中国前的这段时间称为"春秋战国"。其中周平王元年(公元前770年)到周敬王四十四年(公元前476年)为春秋时代,因《春秋》而得名;周元王元年(公元前475年)至秦始皇元年(公元前221年)为战国时代,因《战国策》而得名。

春秋时期,诸侯国林立,见于史书的诸侯国名有128个。周姓之国有鲁、郑、卫、晋、曹、蔡、燕,异姓之国有齐、宋、陈、楚、秦,统称春秋十二国。在《春秋》所载的294年间,36名君王被弑,52个诸侯国被灭,大小战争480多起,出现齐桓公、宋襄公、晋文公、秦穆公和楚庄王等"春秋五霸"。齐桓公继位后,以管仲为相,励精图治,国力剧增,先后吞并30多个小国,成为霸主。公元前656年召陵会盟,齐楚签订盟约,齐国霸业登上顶峰。齐桓公死后,楚国乘机扩张势力,染指中原。宋襄公以抵制楚国北侵为号召,企图充当中原霸主。公元前638年泓水之战,楚军大败宋军,宋襄公负伤而死。晋文公即位后,发展经济,整军经武,取信于民,友好邻国。公元前632年城濮之战,晋军打败楚军,晋文公成为霸主。秦穆公在向东发展受挫后,向西吞并戎狄部族,称霸西戎。楚国在城濮之战失败后,向东南扩张,吞灭50多个小国。公元前597年楚晋邲之战,楚军打败晋军,遂楚庄王称霸中原。

战国时期,诸侯国连年混战,大小战争230多次,出现齐、楚、燕、赵、韩、魏、秦等"战国七雄",直至秦始皇灭六国,一统天下。魏文侯依靠李悝进行改革,并重用吴起等人,使得魏国成为战国初期第一个强国。楚悼王任用吴起进行变法,颁布法令,楚国逐渐强盛。齐威王任用邹忌等进行改革,制定法律,整顿吏治,齐国成为中原强国。秦孝公利用商鞅进行变法,重农抑商,奖励军功,编制户口,秦国成为战国中后期最强大的国家。公元前

260 年长平之战,秦军打败赵军,40 万战俘被活埋。此后,秦国几无对手。公元前 256 年秦灭东周。这样,作为天子之国的周朝不复存在。公元前 247 年嬴政继位,公元前 221 年建立秦朝。

"郁郁乎文哉,吾从周。"孔子曰:"殷因于夏礼,所损益,可知也;周因于殷礼,所损益,可知也;其或继周者,虽百世可知也。"(《论语·为政》)人们以为夏、商、周不过是统治者的更迭,制度和人民仍是一脉相承,与后来由唐到宋、由明到清没有什么两样。王国维在《殷周制度论》中直言"中国政治与文化之变革莫剧于殷周之际","殷周间之大变革,自其表言之,不过一姓一家之兴亡与都邑之转移;自其里言之,则旧制度废而新制度兴,旧文化废而新文化兴"。

1.4 西方历史之源头:古希腊、古罗马

1.4.1 古希腊

古希腊是欧洲文明最早的起源地,是西方现代文明的起点。它始于爱琴海文明。爱琴海文明通常指爱琴海及邻近陆地、岛屿的文明,以克里特文明和迈锡尼文明为主要代表。

克里特岛位于爱琴海的最南端,横亘在希腊和北非之间。荷马借奥德修斯之口说:"有一个

地方名叫克里特,在葡萄紫色的海水中央,土地肥沃,四周被海水环绕,那里有很多居民,多得数都数不清,共有 90 个城市。不同语言的种族杂居在一起,其中有阿凯亚人,有豪迈的埃克奥克里特人,有鸠东人,还有盔上带着马尾的多利安人和高贵的皮拉斯吉人。"克里特地区的发展大约经历了四个时期:公元前 6000 年进入新石器时代;公元前 5700 年开始出现了陶器;从公元前 2800 年到公元前 2000 年是金石并用时代,居民过着氏族部落生活;从公元前 2000 年起,开始进入青铜时代,出现王宫和文字,产生了君主制国家。克诺索斯王宫占地 2 万多平方米,依山而建,素有"迷宫"之称。公元前 17 世纪,克里特各地的宫殿突然被毁,尔后又重新修建。从公元前 1600 年到公元前 1125 年,克里特文明处于全盛时期,华丽的宫殿和精美的壁画便是标志。公元前 15 世纪,克诺索斯等地的王宫先后被毁,克里特文明从此走向衰落。①

迈锡尼城位于伯罗奔尼撒东北,在荷马史诗中是一个"黄金满地、建筑巍峨、通衢纵横"的名

---

① 学者推测克里特宫殿两次被毁,或者源于地震火灾,或者源于火山爆发。

城。迈锡尼文明形成于公元前 16 世纪上半叶的南希腊,以宏伟的宫殿、坚固的城墙、豪华的陵墓、有众多线形文字的泥版文书、好战尚武等为标志,并建立了以国王为中心的统治体系。公元前 15 世纪至公元前 14 世纪是迈锡尼文明发展的顶峰阶段,希腊半岛、爱琴海及北非都处在其影响范围内。公元前 13 世纪后半期,以迈锡尼为首的希腊各城邦联合起来对小亚细亚特洛伊发动进攻,经过长达 10 余年的战争,终于攻下特洛伊。特洛伊战争后,希腊各城邦元气大伤,迈锡尼文明迅速衰落。后因多利亚人的侵袭,迈锡尼文明灭亡。

荷马时代指公元前 11 世纪至公元前 9 世纪的希腊历史。多利亚人征服希腊半岛后,破坏城市,毁坏宫殿,希腊半岛经济发展缓慢,城市衰败,商贸停滞,人口锐减,手工业停产,文字被遗弃,使得古希腊文明出现了长达三百多年的倒退,学者称之为"黑暗时代"。此时,荷马创作了《伊利昂纪》和《奥德修纪》两部史诗,故称这一时代为荷马时代或英雄时代。

古风时代指公元前 8 世纪到公元前 6 世纪的希腊历史。随着铁器的使用和国家的出现,古希腊城邦林立,总数超过 300 个,其中斯巴达和雅典尤为典型。斯巴达人是多利亚人中的一支,大约在公元前 12 世纪南下定居拉哥尼亚平原,于公元前 8 世纪末控制拉哥尼亚地区,尔后建立国家。斯巴达男子自幼就开始过集体生活并接受严格的军事训练,如跑步、拳击、斗殴、击剑、扔铁饼等,还定期到神庙接受鞭打,以磨炼意志、养成毅力、增强勇气。他们 20 岁入伍,60 岁退伍,大半生都在服役,这使得斯巴达拥有一支强悍的军队。斯巴达人倚靠强大的军事力量不断对外扩张。公元前 8 世纪,雅典贵族制国家形成。公元前 594 年,梭伦当选雅典的执政官,推行改革,废除奴隶制,恢复公民大会,设立四百人会议和陪审法庭,从而奠定了雅典民主政治的基础。

古典时代指公元前 5 世纪到前 4 世纪的希腊历史。公元前 490 年希波战争爆发,持续数十年之久,对世界历史产生了重要的影响,希罗多德的《历史》记载了这场战争,希腊历史从此进入古典时代。希腊在希波战争中获胜后,各城邦经济呈现欣欣向荣的景象,雅典城邦空前繁荣。公元前457 年,伯里克利执政,实行改革,使得雅典民主政治制度更加完善。在伯里克利执政期间,雅典的民主政体与斯巴达的贵族寡头政体发生冲突,最终点燃了伯罗奔尼撒战争。修昔底德的《伯罗奔尼撒战争史》详细地描述了这场战争。伯罗奔

尼撒战争从公元前 431 年开始,于公元前 403 年结束,斯巴达战胜雅典。这场战争杀戮之巨、损失之大、危害之深远甚于希波战争,希腊文明由盛而衰,一蹶不振。

马其顿时代指公元前 4 世纪到公元前 2 世纪的希腊历史。马其顿位于希腊北部、爱琴海西北部。公元前 4 世纪,腓力二世执政,他改组军队,积聚财富,对外扩张。公元前 338 年,马其顿打败希腊联军,次年召开科林斯会议,确立了马其顿的霸主地位,从此开启了马其顿时代。后腓力二世被刺,亚历山大继位。从公元前 334 年开始,亚历山大东征,用 9 年时间建立了一个横跨亚、欧、非三洲,面积达 518 万平方千米的庞大帝国。公元前 323 年,亚历山大去世,马其顿帝国内部连年混战,最终分崩离析。

1.4.2　古罗马

罗马原来是意大利北部的一个小镇。传说,罗马城是由罗慕路斯与雷穆斯兄弟在公元前 753 年兴建的。罗马古城包括帕拉蒂诺、卡皮托利、埃斯奎利诺、维米纳莱、奎里那莱、西里欧、阿文提诺七个山丘,史称七丘之城,南北长约 6200 米,东西宽约 3500 米。

　　罗马建城之初实行军事民主制度,称为"王政时期"。早期的罗马社会是氏族社会,每 10 个氏族构成 1 个胞族(称库里亚),每 10 个胞族组成 1 个部落(称特里布)。当时罗马社会由 3 个部落组成,权力机关为人民大会(库里亚大会),由全体男子组成;决策机关是元老院,由氏族首领组成。王(称勒克斯)既是最高军事首领,又是最高祭司和审判官,与元老院一起处理公共事务。随着罗马社会分化,平民与贵族的矛盾日益尖锐。第六任罗马国王塞尔维乌斯实行改革,按财产多少把公民分为 6 个等级,规定每个等级选派不同数目的百人团。同时,设立百人团大会,把 3 个血缘部落分为 4 个地域部落。这样,罗马由氏族社会向国家形态转变。公元前 534 年,塞尔维乌斯的女婿塔克文发动政变,夺取王位。塔克文独断专行,对外发动战争,对内实行苛政,公元前 509 年罗马人高举义旗,废除王政制度,建立共和国。罗马共和国的首脑是两名执政官,执政官由百人团会议从贵族中选举产生;元老院由氏族长老和退任执政官组成,决定内外政策,审查、批准法令。

　　公元前 265 年,罗马人统一意大利半岛,成为地中海一大强国。从此,罗马走上了对外扩张的道路。布匿战争是罗马和迦太基为了争夺地中海

统治权而进行的战争,先后 3 次,长达 118 年。公元前 264 年,第一次布匿战争爆发,罗马人在希腊人的帮助下,打败了迦太基人;公元前 221 年,第二次布匿战争爆发,汉尼拔在坎尼之战中重创罗马军队,但在扎马城决战中失利,被迫求和。迦太基失去了海上霸主地位。公元前 149 年,第三次布匿战争爆发,罗马进犯迦太基,焚毁城市,屠杀民众,迦太基灭亡。布匿战争后,罗马继续向地中海东部扩张,相继吞并了马其顿、希腊和埃及等,进入了"征服导致进一步征服"的怪圈。此时,罗马帝国领土东至叙利亚,西到西班牙,南至埃及,北到瑞士和法国,成为一个横跨亚、欧、非,称霸地中海的大国。

斯巴达克起义失败后,恺撒与克拉苏、庞培组成三人政治同盟(史称"前三头"),以对抗元老院贵族。公元前 59 年,恺撒担任执政官,征服高卢,实行独裁,于公元前 44 年被刺身亡。恺撒死后,安东尼、屋大维、雷必达组成政治同盟(史称"后三头"),经过长期争夺,屋大维于公元前 31 年上台,用元首制取代共和制,集行政、司法、军事、宗教大权于一身。从此,罗马进入帝国时代。[①]

---

　① 公元 395 年罗马帝国分裂,476 年西罗马帝国灭亡,1453 年东罗马帝国(拜占庭帝国)灭亡。

1.5   东西方之共相

上古时期,东西文明在隔绝状态下独立发展,却衍生出相同的历史现象。

1.5.1   创世传说

东西方各民族在世界起源方面皆有自己的美好传说。如芬兰人有"贞洁处女伊里马达尔造水、造天地、造日月星辰"的传说,印度人有"大地奠定在水上,水奠定在风上,风安静地躺在空间"的传说。在西方历史中,《圣经·创世纪》的传说影响深远。

《圣经·创世纪》云:"起初神创造天地。地是空虚混沌,渊面黑暗。神的灵运行在水面上。神说,要有光,就有了光。神称光为昼,称暗为夜。有晚上,有早晨,这是头一日。神说,诸水之间要有空气,将水分为上下。神就造出空气,将空气以下的水、空气以上的水分开了。事就这样成了。神称空气为天。有晚上,有早晨,是第二日。神说,天下的水要聚在一处,使旱地露出来。事就这样成了。神称旱地为地,称水的聚处为海。神看是好的。神说,地要发生青草,和结种子的菜蔬,并结果子的树木,各从其类,果子都包着核。事就

这样成了。于是地发生了青草，和结种子的菜蔬，各从其类，并结果子的树木，各从其类，果子都包着核。神看着是好的。有晚上，有早晨，是第三日。神说，天上要有光体，可以分昼夜，做记号，定节令、日子、年岁。并要发光在天空，普照在地上。事就这样成了。是神造了两个大光，大的管昼，小的管夜。又造众星。就把这些光摆列在天空，普照在地上。管理昼夜，分别明暗。神看着是好的。有晚上，有早晨，是第四日。神说，水要多多滋生有生命的物，要有雀鸟飞在地面以上，天空之中。神就造出大鱼和水中所滋生各样有生命的动物，各从其类。又造出各样飞鸟，各从其类。神看着是好的。神就赐福给这一切，说，滋生繁多，充满海中的水。雀鸟也要多生在地上。有晚上，有早晨，是第五日。神说，地要生出活物来，各从其类。牲畜、昆虫、野兽，各从其类。事就这样成了。于是神造出野兽，各从其类。牲畜，各从其类。地上一切昆虫，各从其类。神看着是好的。神说，我们要照着我们的形象，按着我们的样式造人，让他们管理海里的鱼、空中的鸟、地上的牲畜和全地，并地上所爬的一切昆虫。神就照着自己的形象造人，乃是照着他的形象造男造女。神就赐福给他们，又对他们说，要生养众多，遍满地面，治理这地。也要管理海里的鱼、空中的鸟和地上各样行动的活物。神说,看哪,我将遍地上一切结种子的菜蔬和一切树上所结有核的果子,全赐给你们做食物。至于地上的走兽和空中的飞鸟,并各样爬在地上有生命的物,我将青草赐给它们做食物。事就这样成了。神看着一切所造的都甚好。有晚上,有早晨,是第六日。天地万物都造齐了。到第七日,神造物的工已经完毕,就在第七日歇了他一切的工,安息了。"

《太平御览·三五历纪》云:"天地浑沌如鸡子。盘古生其中,万八千岁,天地开辟,阳清为天,阴浊为地,盘古在其中,一日九变。神于天,圣于地。天日高一丈,地日厚一丈,盘古日长一丈。如此万八千岁,天数极高,地数极深,盘古极长……故天去地九万里。后乃有三皇。"《太平御览·五运历年纪》载:"首生盘古,垂死化身;气成风云,声为雷霆,左眼为日,右眼为月,四肢五体为四极五岳,血液为江河,筋脉为地里,肌肉为田土,发髭为星辰,皮毛为草木,齿骨为金石,精髓为珠玉,汗流为雨泽。身之诸虫,因风所感,化为黎甿。"

在世界本原方面,《圣经》指出"地是空虚混沌",《太平御览》记载"天地混沌如鸡子"。不论是西方的《圣经》还是中国的神话,皆强调世界之初是混沌一片,无形无状。

在创世过程中,《圣经·创世纪》指出上帝先创造了光,制造了昼夜,尔后创造了水、空气和万物,最后制造了人。上帝先用泥土造了个人,起名亚当;尔后,从他身上取出一根肋骨,造了一个女人,起名夏娃。而中国神话则描述道:"天地开辟,未有人民,女娲抟黄土做人,剧务,力不暇供,乃引绳于泥中,举以为人。"(《太平御览》)无论是西方的上帝造人,还是中国的女娲造人,都是用土作为造人原料。这反映了人类社会由"蒙昧时代"进入"野蛮时代"后学会了用泥土制作陶器,并由此联想到用泥土造人。

洪水传说是普遍流传的故事。《圣经》载,上帝"因全世界充满了暴行",决定"把他们和地一齐消灭",因此在"挪亚六百岁那年的二月十七日,渊泉分裂,天窗敞开,滂沱大雨倾泻在地上四十昼夜"。挪亚等人因进入方舟得以存活。中国神话中也有类似的记载。如西南少数民族"葫芦兄妹"的传说。相传有个勇士用猎叉捕获雷公,并将其关在铁笼里,勇士年幼的儿子和女儿可怜雷公,给了他几滴水喝。雷公喝了水后,神力大增,冲破了铁笼。为了感谢这一对孩子,雷公拔下一颗牙齿,让他们种在土里,将来遇到大难可藏在它所结的果实中。后来,大难降临,洪水淹没大地,这对兄

妹躲进这颗牙齿长出的葫芦里逃脱了灾祸。洪水
过后,兄妹俩结成夫妻,繁衍人类。这与《圣经·
旧约》中描述的挪亚方舟及亚当、夏娃的传说相类
似。无论是挪亚方舟还是葫芦兄妹,都涉及洪水。
远古时期,地球上洪水泛滥。《尚书·尧典》载:
"汤汤洪水方割,荡荡怀山襄陵,浩浩滔天。"人们
因无力抵御洪水侵袭,遂借助想象把洪水看作上
帝或天神对人类的惩罚。

1.5.2 轴心时代

雅斯贝尔斯指出:"在公元前 800 年到公元前
200 年间所发生的精神过程,似乎建立了这样一
个轴心。在这时候,我们今日生活中的人开始出
现。我们把这个时期称为'轴心时代'。这一时期
充满了不平常的事件:在中国,诞生了孔子和老
子,中国哲学的各种派别兴起,这是墨子、庄子,以
及无数其他人的时代;在印度,这是优波尼沙和佛
陀的时代,如在中国,所有哲学派别,包括怀疑主
义、唯物主义、诡辩派和虚无主义都得到了发展;
在伊朗,祆教提出挑战式的论点,认为宇宙的过程
属于善和恶之间的斗争;在巴勒斯坦,先知们奋
起,如以利亚、以赛亚、耶利米、第二以赛亚;在希
腊,出现了荷马,哲学家如巴门尼德、赫拉克利特、

柏拉图,悲剧诗人修昔底德和阿基米德。"(田汝康、金重远:《现代西方史学流派文选》)闻一多用文学的手法描述道:"对近世文明影响最大、最深的四个古老民族——中国、印度、希腊、以色列——差不多同时猛抬头,迈开了大步,约当纪元前1000年左右,在这四个国度里,人们都歌唱起来,并将他们的歌记录在文字里,留传到后代。在中国,《诗经》里最古的部分——《周颂》和《大雅》,印度的《梨俱吠陀》,《旧约》里最早的《希伯来诗篇》,希腊的《伊利亚特》和《奥德赛》——几乎同时产生。……四种文化在悠久的年代里,起先是沿着各自的路线分途发展,不相闻问。然后,慢慢地随着文化势力的扩张,一个个的胳臂碰上了胳臂,于是吃惊、点头、招手、交谈,日子久了,也就交换了思想观念与习惯。"(闻一多:《文学的历史动向》)

此时,希腊人、犹太人、印度人和中国人的思想如此相似,学者们通常把这个时期称为"轴心时代"(Axial Age)。

1.5.3　先秦时期中国与世界之联系

先秦时期的文献如《穆天子传》和《山海经》中有关昆仑山、西王母等的神话传说,反映了东方与西方之间存在某种程度的联系。尽管这些神话传说貌似荒诞,但其背后凸显了上古时期人们对外部世界的模糊认识。

夸父是上古神话中的人物。"大荒之中,有山名曰成都载天。有人珥两黄蛇,把两黄蛇,名曰夸父。"(《山海经·大荒北经》)"夸父与日逐走,入日。渴,欲得饮,饮于河渭;河渭不足,北饮大泽。未至,道渴而死。"(《山海经·海外北经》)有人认为"夸父逐日"的神话故事反映了远古时期某个部落向西北的艰难迁徙,也体现了远古时期先人对外部世界的好奇与向往。

昆仑山是上古神话中的一座神山,号称"万山之祖"。"西海之南,流沙之滨,赤水之后,黑水之前,有大山,名曰昆仑之丘。有神,人面虎身,有文有尾,皆白,处之。其下有弱水之渊环之,其外有炎火之山,投物辄然。"(《山海经·大荒西经》)《淮南子》载:"昆仑之丘,或上倍之,是谓凉风之山,登之而不死;或上倍之,是谓悬圃,登之乃灵,能使风雨;或上倍之,乃维上天,登之乃神,是谓太帝之居。"传说中昆仑山是西王母的仙山,与希腊神话中的奥林匹斯山、印度神话中的须弥山一样,都是众神所居之地。而且,昆仑上的"悬圃"与巴比伦的"空中花园"如出一辙。

公元前989年周穆王带着大批人马和金银珠

宝从镐京出发向西游,拜会西王母于昆仑山下。《穆天子传》载曰:"甲子,天子宾于西王母。乃执白圭玄璧以见西王母。好献锦组百纯,组三百纯。西王母再拜受之。乙丑,天子觞西王母于瑶池之上。""有人戴胜,虎齿,有豹尾,穴处,名曰西王母。"(《山海经·大荒西经》)传说西王母豹尾虎齿,威力无穷。"西王母其状如人,豹尾虎齿而善啸,蓬发戴胜,是司天之厉及五残。"(《山海经·西山经》)后人认为西王母是西方的女君,也有人认为西王母是西方的图腾。总之,这个神话故事告诉人们,在上古时期东方与西方出现了朦胧的联系。

与此同时,西方文献中也出现与中国相关的记载。公元前 6 世纪或前 7 世纪阿里斯特(Aristeas)的《阿里玛斯培》(*Arimaspea*)记载了他的一次远东之行,提及生活在最东部的希伯波里安人纯洁善良。有人认为希伯波里安人就是古代的中国人。

斯塔夫里阿诺斯在《全球通史》中指出,中国文化的独特之处在于"养蚕和将纤细的蚕丝织成精美的丝织品"。传说黄帝的元妃嫘祖教民养蚕造丝。《夏小正》载:"三月……摄桑,……妾子始蚕。"就是说,夏历三月间要修整桑树,妇女开始养蚕。周朝设"典丝"的官职,"掌丝入而辨其物,以其贾楬之"。也就是说,典丝接收各地进贡的丝绸,并加以验证、鉴别。亚历山大东征使得欧洲与亚洲发生了密切的联系。希腊人把丝绸称为 Ser(丝的音译),把出产丝绸的国家称为赛里斯(Seres),意谓"丝国"。但由于距离遥远,希腊人对丝从何而来一无所知,凭借想象,以为这是一种特殊的羊毛。后来包撒尼亚在《希腊志》中说:"赛里斯人用于制作衣装的那些丝线,并不是从树皮中提取的,而是另有其他来源。他们国内有一种小动物,希腊人称之为'赛儿',而赛里斯人则以另外的名字相称。"《圣经·旧约》云:"我也使你身穿绣花衣服,脚穿海狗皮鞋,并用细麻布给你束腰,用丝绸为衣披在你身上。"这表明丝绸已在地中海一带广泛流传。

2 秦汉时期的中国与世界

2.1 大一统之确立:秦汉王朝

秦汉王朝与罗马帝国大体上同时分别兴起于亚欧大陆的两端,分别统一了各自所代表的区域文明,拥有地球四分之一的人口(五六千万人),占据四五百万平方千米的领土,对后世产生了极其深远的影响。

公元前 221 年,秦始皇嬴政建立了我国历史上第一个统一专制政权,创立了皇帝称号。秦始皇当政后对大臣说:"寡人以眇眇之身,兴兵诛暴乱,赖宗庙之灵,六王咸伏其辜,天下大定。今名号不更,无以称成功,传后世。"丞相王绾、御史大夫冯劫、廷尉李斯等人答:"今陛下兴义兵,诛残贼,平定天下,海内为郡县,法令由一统,自上古以来未尝有,五帝所不及。"并以"古有天皇,有地皇,有泰皇,泰皇最贵"为由,提议"泰皇"。秦始皇去

"泰"取"皇",并采用上古"帝"字合为"皇帝"。(《史记·秦始皇本纪》)天下初定后,丞相王绾等人提出:"燕、齐、荆地远,不为置王,毋以填之。"秦始皇接受李斯的建议,废除分封制,实行郡县制,分天下为三十六郡,设郡守(行政官)、郡尉(军事官)和监郡(监察官)。战国时期,各国的度量衡单位、车马道路的宽幅,以及文字的形状各不相同,不便交流,秦始皇采取书同文、车同轨、统一度量衡等政策,用秦国的标准作为全国统一的标准。公元前213年,秦始皇在咸阳摆酒庆生,众官员前来祝寿。仆射周青臣向秦始皇献媚道:"他时秦地不过千里,赖陛下神灵明圣,平定海内,放逐蛮夷,日月所照,莫不宾服。以诸侯为郡县,人人自安乐,无战争之患,传之万世。自上古不及陛下威德。"博士淳于越则直说:"臣闻殷周之王千余岁,封子弟功臣,自为枝辅。今陛下有海内,而子弟为匹夫,卒有田常、六卿之臣,无辅拂,何以相救哉?事不师古而能长久者,非所闻也。"秦始皇让大臣们商议,李斯强调"三代之事,何足法也?异时诸侯并争,厚招游学。……今诸生不师今而学古,以非当世,惑乱黔首",不赞同淳于越的主张,并指出"今皇帝并有天下,别黑白而定一尊",还建议秦始皇"史官非秦记皆烧之。非博士官所职,天下敢有

藏诗、书、百家语者,悉诣守、尉杂烧之。有敢偶语诗书者弃市。以古非今者族。吏见知不举者与同罪。令下三十日不烧,黥为城旦。所不去者,医药卜筮种树之书"。(《史记·秦始皇本纪》)秦始皇采纳李斯的主张,禁止史官写秦国之外的各国史书,除了博士之外其他人不得收藏《诗》《书》及诸子百家书籍,仅保留医药、卜筮、种树之类的书籍,其他书籍一律销毁。次年,方士侯生、卢生受命为秦始皇寻找长生不老药,按照秦朝法令,找不到药者必须处死。他们私下埋怨,指责:"(秦)始皇为人,天性刚戾自用,起诸侯,并天下,意得欲从,以为自古莫及己。……天下之事无小大皆决于上,上至以衡石量书,日夜有呈,不中呈不得休息。"认为这样恋权的人不值得为其找药,他们俩遂一走了之。秦始皇"召文学方术士甚众,欲以兴太平,方士欲练以求奇药"。听说方士卢生等人毁谤自己,又获悉咸阳诸生"为妖言以乱黔首",乃下令活埋 460 多人以儆效尤。这就是历史上的"焚书坑儒"。但必须指出的是,秦始皇所焚之书只是部分书籍,所坑之儒只是方士之流。为此,太子扶苏上书秦始皇:"天下初定,远方黔首未集,诸生皆诵法孔子,今上皆重法绳之,臣恐天下不安。唯上察之。"秦灭六国后,蛮夷成了其心腹之患。公元前

215年，秦始皇派蒙恬率兵30万攻打匈奴，占领河南（今鄂尔多斯）。次年秦国发兵50万远征百越，还强迫民众修筑长城，西至临洮，东至辽东，号称万里长城。

秦朝定都咸阳，因其位于渭河之北和九嵕山之南，山水皆在阳面，故以此命名之。秦始皇统一天下后，迁天下之富豪十二万户移居咸阳，咸阳成为人口六十多万的大都市。因咸阳城狭小，秦始皇在渭河之南修建阿房宫作为皇宫，"先作前殿阿房，东西五百步，南北五十丈，上可以坐万人，下可以建五丈旗"（《史记·秦始皇本纪》）。公元前210年，秦始皇逝世，胡亥继位，横征暴敛，变本加厉。次年，陈胜、吴广发动起义，刘邦等人也揭竿而起。后楚汉相争，项羽兵败自杀。公元前202年，刘邦在定陶称帝，后迁都长安，史称西汉。西汉经历了12个皇帝共230年的统治。

汉高祖刘邦上台后任用贤人，减轻赋税，与民休养。汉武帝刘彻即位后，采纳董仲舒的建议，"罢黜百家、独尊儒术"；接受主父偃的建议，颁布"推恩令"；采纳桑弘羊的主张，实施"盐铁专卖，均输平准"的政策；攻打匈奴贵族，开辟"丝绸之路"。西汉末年，外戚宦官专权，政治黑暗，社会矛盾尖锐，外戚王莽伪造"天命"，窃取政权，建立"新朝"。

公元 25 年刘秀称帝,定都洛阳,史称东汉。班固在《两都赋》中通过长安与洛阳的比较,突出了洛阳地理位置的优越。他认为长安:"左据函谷、二崤之阻,表以泰华、终南之山。右界褒斜、陇首之险,带以洪河、泾、渭之川。华实之毛,则九州之上腴焉;防御之阻,则天下之奥区焉。"从地理位置的角度阐述了长安土地肥沃,地势险要。他指出"迁都改邑,有殷宗中兴之则焉;即土之中,有周成隆平之制焉"。从历史发展角度论证了定都洛阳,不仅之前有先例,而且得地利之便。他还强调洛阳位于"四渎五岳,带河溯洛,图书之渊",具有得天独厚的优势。

东汉时期,外戚宦官相继专权,农民起义连续不断,社会动荡不安。桓帝、灵帝统治期间,清河郡刘氏、陈留郡李坚等自称"天子""皇帝",蜀李伯自称"太初皇帝",渤海盖登自称"太上皇帝",长平陈景自称"黄帝子"。公元 184 年黄巾军起义,喊出"苍天已死,黄天当立,岁在甲子,天下大吉"的口号,明确提出推翻王朝的目标,给予东汉统治者沉重的打击。黄巾军起义被镇压后,董卓杀少帝、立献帝,迁都长安,"挟天子以令诸侯",暴虐无道,为吕布所杀。公元 220 年曹丕逼迫汉献帝退位,东汉宣告灭亡。王夫之在《读通鉴论》中道:"国恒以弱丧,而汉以强亡。"(《读通鉴论》卷八)细究其因,其一是外戚宦官乱政。外戚也称"外家",乃帝王的母族、妻族一脉。东汉的外戚主要有"马、窦、邓、梁"四大家族。东汉明帝的马皇后是功臣马援的女儿,章帝的窦皇后是功臣窦融的曾孙女,和帝的邓皇后是功臣邓禹的孙女,顺帝的梁皇后是功臣梁统的后代。这样,四大家族既是功臣又是外戚,显赫一时,势力强大,专横跋扈。因皇帝年幼,太后临朝,宦官借自由出入后宫之机势力膨胀。"邓后以女主临政,而万机殷远,朝臣国议,无由参断帷幄,称制下令,不出房闱之间,不得不委用刑人,寄之国命。"(《后汉书·宦者列传》)公元125年,宦官孙程等发动暴乱,拥立济阴王为汉顺帝。汉灵帝声称"张常侍(张让)是我公,赵常侍(赵忠)是我母"。东汉宦官的实力由此可见一斑。东汉时宦官人数众多,出身低微,人格扭曲,品德恶劣,尔虞我诈,争权夺利,使得官场乌烟瘴气。范晔评论道:"三世以嬖色取祸,嬴氏以奢虐致灾,西京自外戚失祚,东都缘阉尹倾国。"(《后汉书·宦者列传》)其二是皇帝年纪太小,寿命不长。如殇帝(189)即位时不满一岁,冲帝(144—145)即位时两岁,质帝(145—146)即位时八岁,和帝(88—105)即位时十岁,顺帝(125—144)即位时十一岁,灵帝

(168—189)即位时十二岁,安帝(106—125)即位时十三岁,桓帝(146—167)即位时十五岁。幼主登基为外戚、宦官干政提供了便利。其三是瘟疫肆虐。《世界简史》里面写道:"罗马和中国在公元2世纪遭受了一场大灾难……最后汉朝灭亡。"《后汉书·五行志》记载了从公元119年至公元217年近百年间的十次大瘟疫,即公元119年会稽大疫,公元125年京都大疫,公元151年京都、九江和庐江大疫,公元161年大疫,公元171年大疫,公元173年大疫,公元179年大疫,公元182年大疫,公元185年大疫,公元217年大疫。东汉时期,瘟疫加快了王朝灭亡的步伐。据载,汉桓帝永寿三年(157)时全国人口为5650万,而晋武帝太康元年(280)时全国人口仅存1600余万,锐减四分之三。曹植在《说疫气》中写道:"建安二十二年,疠气流行,家家有僵尸之痛,室室有号泣之哀,或阖门而殪,或覆族而丧。"

汉朝国土面积约396.79万平方千米,道路长约3.54万千米,平均每1000平方英里(约2589.99平方千米)有14.35英里(约23.09千米)道路。汉代长安与雅典、罗马、开罗并称世界四大文明古都。长安城面积约36平方千米,有12座城门和8条主要街道,最长的街道长5.5千米。"内则街衢洞达,闾阎且千,九市开场,货别隧分,人不得顾,车不得旋,阗城溢郭,傍流百廛,红尘四合,烟云相连。"(《后汉书·班彪列传》)宫殿集中在城市的中部和南部,有长乐宫、未央宫、桂宫、北宫和明光宫等。居民区分布在城北,分为 160 个闾里。市场位于城市的西北角,称为"长安九市"。西汉末年,长安居民有 25 万人。

2.2 伟大之帝国:罗马帝国

公元前 31 年,屋大维执政,公元前 27 年被元老院授予"奥古斯都"称号,罗马进入帝国时代。当时罗马社会由元老、骑士、平民和被释放的奴隶组成。奥古斯都元首像皇帝一样集大权于一身,实行中央集权统治,严密控制军队,严格征集税收,从而确保罗马帝国统治延续了 200 多年。吉本指出:奥古斯都元首政治的实质为"共和国形式掩盖下的君主政体",具有伪装性和欺骗性,"他的善良,甚至连他的善恶,完全是一种伪装,也正是由于自身的不同利害关系的驱使,才使他开始是罗马世界的敌人,继而又成了它的慈父"。他还指出:罗马帝国君主制产生的原因,其一是屋大维为恺撒第一合法继承人,其二是庞大的军队支持,其三是民众渴望结束内战,重归和平,其四是元老院在内战中

被严重削弱。(爱德华·吉本:《罗马帝国衰亡史》)

屋大维死后,其继子提比略接任王位(公元前14年—公元37年)。提比略被害后,其继子卡里古拉接任王位(37—41)。卡里古拉被杀后,其叔克劳狄乌斯登上王位(41—54)。克劳狄乌斯死后,年仅17岁的尼禄接任王位(54—68)。尼禄因横征暴敛而被民众所唾弃,仓皇出逃,自杀身亡。此后,人们为了争夺王位,互相残杀。70多岁的元老院成员涅尼瓦被选为元首(96—98),结束恐怖统治。塔西佗称之为"这个幸福时代的开端"。涅尼瓦去世后,其养子图拉真成了元首(98—117)。图拉真去世后,其继子哈德良继位(117—138)。哈德良时代可谓罗马帝国制度官僚化完成的时代,元首的专制权力进一步得到强化,官僚人数大增,超出了社会的需要。哈德良去世后,其子安东尼继位(138—161)。安东尼统治时期,各行省呈现繁荣景象,罗马帝国也进入黄金时代。安东尼去世后,马可出任元首(161—180)。此时,罗马帝国面临着来自东部野蛮国家和北方野蛮部落的入侵,马可忙于征战,罗马帝国进入"军事防御"时期。吉本曾这样评价帝国元首:愚昧残酷的提比略,狂暴的卡利古来,软弱无能的克劳狄乌斯,荒淫残暴的尼禄,禽兽一般的维特利乌和胆小如鼠、不齿于人类的图密善，他们之所以没有完全被人遗忘，只是由于他们的无与伦比的罪恶行径和他们曾进行活动的辉煌舞台，如果让一个人说出，在世界历史的什么时代，人类过着最为幸福、富裕的生活，他定会毫不犹豫地说，那是从图密善到康茂德继位的那段时间。那时广袤的罗马帝国按照仁政和明智的原则完全处于专制权力的统治之下，涅尼瓦、图拉真、哈德良和两位安东尼全都喜爱自由生活的景象，并愿意把自己看成负责的执法者。（爱德华·吉本：《罗马帝国衰亡史》）

罗马帝国幅员辽阔、文化多样、民族众多。吉本指出，罗马帝国"从安东尼边墙和北部边界达西亚到阿特拉斯山和北回归线的宽度便超过 2000 英里（约 3218.69 千米），而从西海洋到幼发拉底河的长度则更超过 3000 英里（约 4828.03 千米），……面积估计不少于 160 万平方英里（约 414.40 万平方千米）"（爱德华·吉本：《罗马帝国衰亡史》）。当时罗马城占地约 20.23 平方千米，人口 100 多万。当时罗马城中有公共澡堂、公共厕所、角斗场、剧场、运动场等设施，其中竞技场有 14 万个座位，斗兽场有 5 万个座位。公共浴室、公共厕所都非常豪华，公共厕所设有大理石座位，饰以诸神或英雄雕像，公共浴室占地二三十亩（1.3 万—2 万

平方米),不仅提供洗浴用的热水、温水和冷水,还配置健身设备、休息室、图书馆、花园等。为了满足军事扩张、货物流通和行省控制的需要,罗马帝国修建了 29 条主干道、320 条联络线,总长达 7.8 万米。巨大的道路网将各行省编织在一起,因此谚语云:"条条道路通罗马。"随着罗马城的扩大,民众饮用水和澡堂洗浴水需求量大增。为此,罗马人修筑了 11 条输水渠。罗马人引以为豪的还有完善的下水道。城区主下水道流进台伯河,支线下水道则建在道路下面,接收来自澡堂、民宅等的废水。为此,罗马时代地理学家斯特拉波说:"罗马人为人们提供了三样被希腊人忽略的东西:道路、引水渠和下水道。"

有学者指出,罗马之所以伟大,并非其面积大,而在于其宽容性。这种宽容既体现在宗教政策上:"在罗马世界流行的形形色色的宗教活动,罗马人民一概信以为真,哲学家一概斥为虚妄,行政官却一概认为有用。"同时,这种宽容也体现在文化态度上:将"不论是来自于奴隶或外族人,来自于敌人或野蛮人的高尚品德和优点,全部据为己有"。(爱德华·吉本:《罗马帝国衰亡史》)

罗马帝国为何灭亡? 一个伟大的文明国家之所以灭亡并非外力的摧毁,而是内部的腐蚀。罗马古典作家将帝国衰落看作社会道德腐败的必然结果。基督教历史学家则把帝国衰落看作上帝对异教文明的惩戒。爱德华·吉本说:"长久以来天下太平无事,加上罗马政府重视传统,慢慢使得帝国受到毒害,丧失了原有的活力,人们的心智逐渐降到同一水平,天才的火花熄灭,就连尚武精神也消失无遗。"1906 年,章太炎在东京留学生欢迎会演说中道:"试看罗马当年,政治学术,何等灿烂,及用基督教后,一切哲学都不许讲,使人人自由思想,一概堵塞不行,以致学问日衰,政治日敝,罗马也就亡了。"(汤志钧:《章太炎政论选集》)

2.3 东西方之相遇:秦汉时期中国与世界

2.3.1 中国与东亚

《山海经》云:"东海之内,北海之隅,有国名曰朝鲜。"朝鲜历史悠久,在公元前 11 世纪中期就建立了国家。目前学界关于古朝鲜国家的建立存在"檀君神话"和"箕子传说"两种观点。①

---

① 据朝鲜《三国遗事》,公元前 2333 年,天神桓雄和熊女所生的后代檀君王俭在平壤建立王俭城,创立古朝鲜国,即"檀君朝鲜"。另据《史记》,商纣王的叔父箕子在武王伐纣后,率遗民东迁至朝鲜,建立侯国,即"箕子朝鲜",其被推举为国君。

公元前195年，燕人卫满率千余人迁徙朝鲜，次年发动政变，夺取政权。卫满称帝后，征服四邻，扩张版图，"真番、临屯皆来服属，方数千里"（《史记·朝鲜列传》）。卫满之孙右渠当政时，阻挠诸侯国与西汉的联系，也不理睬汉使者涉何的劝说。公元前109年，涉何杀了送行的朝鲜裨王长，回到京城后向汉武帝报告了"杀朝鲜将"。汉武帝不但没有追究他的过错，反而封他为辽东都尉。"朝鲜怨何，发兵袭攻杀何。"汉武帝招募罪人充当士兵，发兵攻打朝鲜。公元前108年，朝鲜大臣尼溪相参派人杀死卫右渠，向汉朝投降。汉武帝平定朝鲜后，设立真番、临屯、乐浪、玄菟四郡。司马迁评说道："右渠负固，国以绝祀。涉何诬功，为兵发首。"（《史记·朝鲜列传》）。公元前82年，真番、临屯二郡与玄菟郡的东部地区并入乐浪郡，玄菟郡西迁至辽东。东汉末年，辽东太守公孙康将乐浪南部分出来设立带方郡。公元313年，高句丽攻占乐浪郡，在朝汉四郡灭亡。

日本古称倭国。史载："乐浪海中有倭人，分为百余国，以岁时来献见。"（《汉书·地理志》）"倭在韩东南大海中，依山岛为居，凡百余国。自武帝灭朝鲜，使驿通于汉者三十许国，国皆称王，世世传统。其大倭王居邪马台国。"（《后汉书·东夷列传》)公元 57 年,倭国派使者前来朝贡,光武帝后赐以"汉委奴国王"金印①印绶。公元 59 年,王莽在奏疏中云:"东夷王度(渡)大海奉国珍。"公元 107 年,倭国王帅升等派使者前来朝见,献生口(奴隶)一百六十人。汉灵帝、桓帝时期,倭国内乱,一名叫卑弥呼的女子称王。公元 238 年,倭女王遣使者难升米、牛利前来朝贡,献男生口四人、女生口六人、班布二匹二丈,魏明帝曹睿赐给绛地交龙锦五匹、绛地绉粟罽十张、蒨绛五十匹、绀青五十匹,又特赐汝绀地句文锦三匹,细班华罽五张,白绢五十匹,金八两,五尺刀二口,铜镜百枚,珍珠、铅丹各五十斤,并晓谕"悉可以示汝国中人,使知国家哀汝,故郑重赐汝好物"(《三国志·东夷传》)。这表明"倭国作为一个整体明确地被纳入以中国为中心的政治秩序之中"(川本芳昭:《中华的崩溃与扩大:魏晋南北朝》)。公元 240 年,带方太守方遵"遣建中校尉梯儁等奉诏书印绶诣倭国,拜假倭王,并赍诏赐金、帛、锦罽、刀、镜、采物,倭王因使上表答谢恩诏"。公元 243 年,倭王

---

① 1784 年日本北九洲福岗市博多湾志贺岛上一农民在耕地时发现这枚金印。它与云南滇王墓发现的"滇王之印"和扬州汉墓出土的"广陵玉玺"几乎一致。

复"遣使大夫伊声耆、掖邪狗等八人,上献生口、倭锦、绛青缣、緜衣、帛布、丹木、犴付、短弓矢。掖邪狗等壹拜率善中郎将印绶"。公元 245 年,魏帝诏赐倭使难升米黄幢(一种旗)。公元 247 年,带方郡新太守王颀到任,倭女王卑弥呼与狗奴国男王卑弥弓呼长期不和,遂派载斯、乌越等来郡告状。王颀遣张政等带诏书、黄幢前往调停。(《三国志·倭人传》)

2.3.2　中国与西域

汉代西域,"本三十六国,其后稍分至五十余,皆在匈奴之西,乌孙之南。南北有大山,中央有河,东西六千余里,南北千余里。东则接汉,厄以玉门、阳关,西则限以葱岭"(《汉书·西域传》)。

匈奴是北方的游牧民族,最初以"獯鬻""猃狁""俨狁"等名称见诸典籍,后统称"匈奴"。秦末,农民起义,楚汉纷争,冒顿单于乘机扩大势力,灭东胡、破月氏,控制了北部和西部广大地区。西汉初年,匈奴时常侵犯其边境。公元前 200 年,刘邦率兵迎击匈奴,轻敌冒进,被困于白登七天七夜,后采用陈平之计,派人向冒顿之妻阏氏献上金银珠宝,才脱险。此后,汉文帝、景帝对匈奴皆采取和亲政策。汉武帝即位后,欲联合与匈奴有世仇的大月氏,从东西两方夹击匈奴。公元前 138 年,汉武帝派遣张骞出使西域。张骞此行最重要的任务就是说服大月氏与汉朝联合抗击匈奴,途中为匈奴所俘获,被拘押 10 多年后逃脱,仍坚持前往大月氏。但大月氏定居大夏后,因当地土壤肥沃,物产丰富,不愿与匈奴为敌。张骞出使西域没有完成这个重要的政治、军事任务,却开辟了西域之路。

为了进一步肃清匈奴在西域的势力,公元前 119 年,张骞第二次出使西域,旨在说服乌孙国返回河西走廊,与汉朝一起抗击匈奴,以"断匈奴右臂"。张骞此行多达 300 人,所带物品价值"数千巨万",还派人访问了大宛、康居、大夏等地。乌孙国因内部纷争而动荡不安,无力也无意东归,张骞仍没有完成任务,但带回了名贵的乌孙马(也称天马)。

张骞出使西域后,汉朝与西域的交通建立起来,使者相望于途。因此,司马迁在《史记》中将张骞出使西域视为"凿空"。何为"凿空"?"凿,开;空,通也。骞开通西域道。"史载:"自玉门、阳关出西域有两道。从鄯善傍南山北,波河西行至莎车,为南道;南道西逾葱岭则出大月氏、安息。自车师前王庭随北山,波河西行至疏勒,为北道;北道西

逾葱岭则出大宛、康居、奄蔡、焉耆。"(《汉书·西域传》)这两条道都在天山以南,北线在塔克拉玛干沙漠以北沿塔里木河西行,南线在塔克拉玛干沙漠以南沿阿尔金山、昆仑山北麓有河水之地西行。"丝绸之路"由是开启,并逐渐成为东西方交流的主要途径。① 随着"陆上丝绸之路"的贯通,中国的丝绸、瓷器、漆器、茶叶等传入西方,而欧洲、中亚和西亚的石榴、胡麻、葡萄、胡瓜、胡萝卜、胡桃、琥珀等传入中国。

西汉时期,南方南越国与印度半岛之间的海路已经开通。汉武帝灭南越国后,利用海路来拓宽海外贸易规模,"海上丝绸之路"逐渐兴起。"自日南障塞、徐闻、合浦船行可五月,有都元国;又船行可四月,有邑卢没国;又船行可二十余日,有谌离国;步行可十余日,有夫甘都卢国。自夫甘都卢国船行可二月余,有黄支国,民俗略与珠厓相类。……黄

---

① 1877年德国地理学家李希霍芬将沟通东西方的商路称为"丝绸之路",这个说法后来逐渐被史学家所接受。一般地,人们依据存在载体将丝绸之路分为"陆上丝绸之路""海上丝绸之路"。依据地理状况,"陆上丝绸之路"可分为"草原丝绸之路""沙漠丝绸之路"等;依据商品类型,"陆上丝绸之路"又分为"皮毛之路""玉石之路""珠宝之路""香料之路"等。

支之南,有已程不国。"(《汉书·地理志》)这条线路从徐闻、合浦出发,经南海进入马来半岛、暹罗湾、孟加拉湾,到达印度半岛南部的黄支国和已程不国(今斯里兰卡)。"海上丝绸之路"在隋唐以前只是"陆上丝绸之路"的一种补充。公元 159 年、161 年,印度使节就从海路来华。公元 166 年,罗马使节访问东汉也是从海路来华。

2.3.3 中国与中亚

公元前 250 年,一支来自中亚的游牧部落进入帕提亚,在头目安息的统领下,建立国家,西方人称之为帕提亚王朝,中国人称之为安息。"去长安万一千六百里,在葱岭之西,大宛之西可数千里,不属都护。北与康居、东与乌弋山离、西与条支接。"(《通典·安息》)"其属小大数百城,地方数千里,最为大国。"(《史记·大宛列传》)汉武帝派使节前往安息,国王令将领率二万士兵前往迎接,并派人随汉使者来观汉地,献给汉武帝大鸟卵(鸵鸟蛋)及黎轩善眩人(杂耍艺人)。公元 87 年,安息国王"遣使献师子、符拔";公元 101 年,安息王"复献师子及条支大鸟"(《后汉书·西域传》)。安息除了使节之外,其僧人也纷纷来华。安世高为"安息国王子,与大长者共出家,学道舍卫城"(《太

平广记·安世高》），"博晓经藏，尤精阿毗昙学，讽
持禅经略尽其妙，既而游方弘化，遍历诸国"。公
元 148 年，安息僧人安世高来华，翻译佛经 35 部
41 卷。安玄为安息居士，"深沉有理致，博诵群经
多所通习"，于汉灵帝末年来华，与严浮调合译《法
镜经》。（《高僧传卷第一》）公元 254 年，安息沙门
昙帝来到洛阳，在白马寺译经，翻译了《昙无德羯
磨》，这是最早的在汉地翻译的法藏部戒律。后
来，安息僧人安法贤翻译了《罗摩伽经》和《大般涅
槃经》，安法钦翻译了《阿育王传》等。（刘迎胜：
《丝绸之路》）这些佛经"义理明析，文字允正，辩而
不华，质而不野，凡在读者皆亹亹而不倦"（《高僧
传卷第一》），促进了佛教在华的传播。安息地处
东西商贸之要冲，公元前 53 年，安息打败了罗马
之后，中国的丝绸经安息商人运达欧洲，西方的琥
珀、玻璃、胡椒、香料等经安息商人输入中国。

公元前 2 世纪，大月氏在中亚兴起，灭大夏，
破安息，后为匈奴所灭，分为休密、双靡、贵霜、肸
顿、都密五个部族。公元 50 年前后，贵霜翕侯丘
消灭其他部族，自立为王，国号贵霜。贵霜为东西
往来的重要中继站，毗邻西域，因而与中国联系密
切。班超平定车师、疏勒之乱时，贵霜曾给予他一
些帮助。然而，公元 90 年，贵霜王向东汉请婚遭

拒后,发兵 7 万人,越过葱岭入侵西域,后双方议和了结。后来,贵霜再次东越葱岭,进入塔里木盆地。公元 330 年,贵霜王波调遣使奉献,魏明帝封其为"亲魏大月氏王"。贵霜在佛教东传过程中发挥了重要作用。西汉末年,许多大月氏僧人来华传教并翻译佛经,其中支谦等尤为著名。后来大月氏商人还把制作琉璃瓦的技术传授给中国人,从此,琉璃瓦在中国广泛流行。

2.3.4 中国与罗马

古代罗马与中国虽然相隔万里,但它们之间的交往很早就已存在。古代罗马与中国之间的关系经历了三个阶段:以传闻为主的阶段、以物品交往为主的阶段、使者或商人交往的阶段。(杨共乐:《古代罗马与中国的交往》)

因罗马与中国之间隔着千山万水,国人对罗马的认识非常有限,其中还夹杂着不少道听途说的内容。"大秦国一名犁靬,以在海西,亦云海西国。地方数千里,有四百余城。小国役属者数十。以石为城郭。列置邮亭,皆垩塈之。有松柏诸木百草。人俗力田作,多种树蚕桑。皆髡头而衣文绣,乘辎骈白盖小车,出入击鼓,建旌旗幡帜。所居城邑,周圜百余里。城中有五宫,相去各十里。

宫室皆以水精为柱，食器亦然。其王日游一宫，听事五日而后遍。常使一人持囊随王车，人有言事者，即以书投囊中，王至宫发省，理其枉直。各有官曹文书。置三十六将，皆会议国事。其王无有常人，皆简立贤者。国中灾异及风雨不时，辄废而更立，受放者甘黜不怨。其人民皆长大平正，有类中国，故谓之大秦。"（《后汉书·西域传》）钱穆曾说："近人好以罗马帝国与汉代相拟，然二者立国基本已不同。罗马乃以一中心而伸展其势力于四周。欧亚非三洲之疆土，特为一中心强力所征服而被统治……秦汉统一政府并不以一中心地点之势力，征服四周，实乃由四周之优秀力量，共同参加，以造成一中央。"（钱穆：《国史大纲》）

公元前 53 年，罗马将领克拉苏带领一支 4 万余人的军队，向东攻打安息。次年，这支军队在卡雷被安息军打败，残部数千人向东突围时，神秘消失了。据《汉书·陈汤传》，公元前 33 年陈汤在攻打郅支城时发现"鱼鳞阵"、"重木城"和"盾牌方阵"等，擒获"生虏百四十五人，降虏千余人"，并设骊靬县安置这些战俘。因中国人称罗马为 Legion（音译"骊靬"），故把战俘安置地命名为"骊靬城"。后人对此众说纷纭。东汉经学家应劭云："骊靬，大秦也。张掖骊靬县为西域蛮族而置。"

（《汉书集解音义》）唐初大学者颜师古说："骊靬，即大秦国也。张掖骊靬县，盖取此国为名耳。"（《汉书·张骞传注》）1957 年牛津大学教授德效骞写了《古代中国一座罗马人的城市》①，指出陈汤攻破郅支城时遇到的"鱼鳞阵"部队属于罗马军团，西汉元帝时代设置的骊靬县用来安置古罗马的战俘。近年来，专家通过缜密考证，证明"骊靬"非"大秦"之意而是匈奴语"髓"的音译（意为土川肥美），骊靬城与"罗马军团"无关。

其实，在公元前，罗马帝国和中国汉朝之间并没有人员的直接往来，二者之间的商业往来全是由中间人尤其是靠帕提亚和印度等地的商人来完成的。"（大秦）其王常欲通使于汉，而安息欲以汉缯彩与之交市，故遮阂不得自达。"公元 97 年，班超派遣甘英出访大秦，抵达条支，"临大海欲度（渡），而安息西界船人谓英曰：'海水广大，往来者逢善风三月乃得度（渡），若遇迟风，亦有二岁者，故入海人皆赍三岁粮。海中善使人思土恋慕，数有死亡者。'英闻之乃止"（《后汉书·西域传》）。虽然甘英止步地中海沿岸，但中国与罗马的联系却更加密切，"远国蒙奇、兜勒皆来归服，遣使贡

---

① 中译本参见《敦煌学辑刊》2001 年第 2 期。

献"。有学者指出,蒙奇、兜勒并非两个国家,实为罗马属下的马其顿。此后,罗马使节和商人陆续来到中国。"(大秦)其王常欲通使于汉,涂(途)经大海,商客往来皆赍三岁粮,是以至者稀。"(《通典·边防九》)延熹九年(166),秦王遣使朝贡,进献象牙、犀角、玳瑁等。这样,东西两个帝国终于有了第一次接触。(《后汉书·孝桓帝纪》)公元284年西晋武帝时期,罗马帝国遣使者出访至洛阳并奉送礼物;东晋穆帝时期,东罗马帝国派使者从陆路到达建康;公元363年,哀帝司马丕派遣使者回访。北魏时期,东罗马(即普岚)多次遣使与北魏通好,太安二年(456)、和平六年(465)和皇兴元年(467)皆派使节前来。(《魏书》)北魏时期,洛阳城内设四夷馆,"自葱岭已西,至于大秦,百国千城,莫不欢附,商胡贩客,日奔塞下"(杨衒之:《洛阳伽蓝记》)。

此时,中国向罗马大量输出丝绸。恺撒在罗马庆祝大捷时曾向臣民夸耀其丝绸制品,让在场人叹为观止。此后,罗马人争相购买丝绸,造成金钱大量外流,公元14年,罗马元老院发布命令禁止男人穿着丝绸。公元77年,历史学家普林尼在《自然史》一书中把中国称为"丝之国",并记载:"赛里斯人(指中国人)以出产林中之毛而闻名。这种白色绒毛,再经过罗马妇女纺线和织布这双重工序,制成衣服。罗马贵妇们穿着这些透明的衣衫,耀眼于公众场合。"罗马进入安东尼王朝以后,丝绸成了罗马市场上广受欢迎的商品。历史学家阿米阿努斯·马塞利努斯(Ammianus Marcellinus)说:"从前,这种赛里斯布仅为贵族们专用,而如今最低贱者也能毫无差别地使用了。"公元401年,东罗马国王阿卡狄乌斯为其刚出生的儿子狄奥多西二世举行基督教洗礼,"全城(指君士坦丁堡)的人都头戴花环,身穿丝绸袍服,戴着金首饰和各种饰物"(杨共乐:《古代罗马与中国的交往》)。

曾执教于加州大学伯克利分校的罗马史学家约翰·梯加特指出:"汉朝的活动对罗马影响巨大,但罗马的活动则对汉朝没有影响。"(*Rome and China: A Study of Correlations in Historical Events*)

3　隋唐时期的中国与世界

3.1　乱世之终结：隋朝建立

公元 581 年，北周发生政变，外戚杨坚废帝自立，建立隋朝，称隋文帝。公元 589 年隋文帝挥师南下，统一全国。

隋文帝登基后，"易周氏官仪，依汉魏之旧"；内修制度，制定《开皇律》，推行均田制；外抚四夷，琉球归降，突厥归顺；择优选才，废除九品官人法，创建科举制度；大兴土木，修建新都，开通漕渠（广济渠）。《剑桥中国隋唐史》曾评价道："隋朝消灭了其前人过时的和无效率的制度，创造了一个中央集权帝国的结构，在长期政治分裂的各地区共同发展了共同的文化意识。这一切非常了不起。"

公元 604 年隋文帝去世，杨广继位，史称隋炀帝。隋炀帝上台后，修长城、开运河、建东都、游江南、征高丽,引起了各地民众的反抗。公元 618 年,隋炀帝被杀。

3.2 盛世之来临:大唐帝国

公元 618 年,唐高祖李渊建立唐朝,以长安(今陕西西安)为首都。唐太宗李世民开创了"贞观之治",唐玄宗李隆基开启了"开元盛世"。唐朝出现了 21 位皇帝,历时 289 年。唐朝鼎盛之时,版图南至罗伏州(今越南河静),北括玄阙州(今俄罗斯安加拉河流域),西及安息州(今乌兹别克斯坦布哈拉),东临哥勿州(今吉林通化)。

唐长安城由外郭城、皇城和宫城三部分组成,面积近百平方千米(包括唐代新建的大明宫、西内苑、东内苑),是同期世界上面积最大的都城。是同时期拜占庭帝国都城君士坦丁堡的 7 倍,是公元 800 年所建的巴格达城的 6.2 倍,古罗马城也只是它的五分之一。

3.2.1 玄武门之变与贞观之治

李渊即位后,立长子李建成为太子,封次子李世民为秦王,四子李元吉为齐王。① 相比较平庸

---

① 三子李玄霸早夭。

的父亲李渊,其三子皆非平庸之辈。李渊在其子的协助下统一了全国,其间李世民的表现尤为突出,战功卓著,一举歼灭王世充和窦建德,因而被任命为天策上将等。随着李世民的威望日增,李氏兄弟之间的关系发生了微妙的变化。李建成忌惮李世民,李元吉火上浇油,高祖李渊则优柔寡断,从而使得两大势力明争暗斗,势同水火。公元626年7月2日(农历六月初四),李世民在长孙无忌、房玄龄、杜如晦的帮助下,于长安城北门玄武门发动政变,杀死哥哥李建成和弟弟李元吉,迫使父亲李渊交出政权,自己当了皇帝。这就是历史上的"玄武门之变"。陈寅恪说:"唐代之北军即卫宫之军,权力远在南军即卫城之军之上。……唐太宗之所以得胜,建成、元吉之所以致败,俱由一得以兵据玄武门即宫城之北门,一不得以兵入玄武门之故也。"(陈寅恪:《唐代政治史述论稿》)

怎么看待这场政变?一说是兄弟之间围绕继承人的争斗,另一说是李世民粉碎了以讨伐突厥为借口乘机削弱其兵力并谋害他的阴谋。日本学者气贺泽保规认为:玄武门之变固然有兄弟围绕继承人地位之争的一面,同时其也正是关乎唐朝以后走向的一次重大路线之争。(气贺泽保规:《绚烂的世界帝国:隋唐时代》)"玄武门之变"开了一个很不好的先例，为后世李唐皇室子孙所效法。

唐太宗登基后，建立了律令体制，确立了均田制、租庸调制、府兵制，完善了三省六部制，征服了突厥、高丽，出现了"贞观之治"。"贞观"是唐太宗李世民在位的年号，从公元627年到公元649年，共计22年。"贞观之治"的说法始于吴兢的《贞观政要》一书，后人将"贞观之治"看作君主政治的理想形态。唐太宗善于用人，房玄龄深谋远虑，杜如晦长于决断，魏徵经常进谏。公元643年，魏徵去世后，唐太宗对大臣说："夫以铜为镜，可以正衣冠；以古为镜，可以知兴替；以人为镜，可以明得失。朕常保此三镜，以防己过。今魏徵殂逝，遂亡一镜矣。"（《旧唐书·魏徵列传》）日后，李世民因听不到谏言而刚愎自用，遂在远征高句丽和选择继承人问题上栽了跟头。唐太宗李世民于公元645年、647年、648年三次远征高丽，失败而归，颜面尽失；公元643年，皇太子李承乾因谋反而被废黜，唐太宗李世民立年少的李治为皇太子，并为此辩解道："我若立泰（次子李泰），则是太子之位可经营而得。自今太子失道、藩王窥伺者，皆两弃之，传诸子孙，永为后法。且泰立，则承乾与治皆不全；治立，则承乾与泰皆无恙矣。"（《资治通鉴》卷一九七）这样，"贞观之治"宣告终结。

3.2.2　武周革命

武则天,名曌,武士彟次女。武士彟原为木材商人,后累迁工部尚书、荆州都督,家底殷实。武则天年幼时其父去世,饱尝苦难,十四岁被选入宫为太宗才人(半为姬妾,半为侍女)。公元649年,唐太宗去世,唐高宗李治登基,武则天被发往感业寺做尼姑。武则天在侍奉唐太宗时就认识唐高宗李治,后李治在太宗忌日时到感业寺进香又邂逅武则天。王皇后与萧淑妃争宠,便主动向高宗提议将武则天纳入宫中。公元651年,武则天再度入宫,被封为昭仪。后来,武则天设计诬陷皇后,并诱导高宗废黜皇后。唐高宗也想封武则天为皇后,但这个想法遭到了长孙无忌和褚遂良的强烈反对,因为当时的皇后来自太原王氏,属于门阀世家。褚遂良对皇帝说:皇后如果犯了严重的错误可以换,但应该在门阀家族里面挑选,绝不能选出身寒微的武则天。此时,老臣徐世勣表态说:"此陛下家事,何必更问外人?"公元655年,武则天被封为皇后。公元660年,唐高宗患病,不能问政,遂由武则天代理朝政,实行"垂帘听政"。史载,唐高宗"自显庆已后,多苦风疾,百司表奏,皆委天后详决。自此内辅国政数十年,威势与帝无异,当时称为'二圣'①"
(《旧唐书·则天皇后》)。公元 683 年,唐高宗去
世,武则天先立李显为皇帝(即唐中宗),后又废
黜,另立李旦为皇帝(即唐睿宗)。

公元 690 年,武则天称帝,改洛阳为"神都",
定国号为"周"。武则天以"周"为国号,因武氏出
自姬姓(周朝)且其父被封为周国公,欲效法周朝,
重建盛世。后人把这次政权变更称为"武周革
命"。这样,作为李唐王朝的皇后,同时又是大周
王朝的皇帝,武则天成为一个在传统历史上非同
寻常的政治人物。

武则天之所以能够夺权称帝,除了其个人阴
险狡诈、心狠手辣之外,还利用了新兴的科举精英
集团。当时的科举精英利用武则天来打击贵族势
力,以提升自身的政治地位;而武则天则通过拉拢
科举精英势力来巩固统治基础,以实现自身的皇
帝梦想。这样,双方一拍即合。因此,"武周革命"
在某种程度上是"科举革命"。科举考试孕育了科
举精英,科举精英改变了权力结构。

武则天登基后,杀酷吏,如周兴、来俊臣等,用
贤良,如姚崇、狄仁杰等;重视农业,发展经济;巩

① 李治称天皇,武则天称天后。

固边防,维护统一。公元705年,张柬之、崔昕等发动政变,武则天被囚禁,武周王朝正式终结。

3.2.3 "开元盛世"与安史之乱

唐中宗继位后,其妻子韦后与女儿干涉朝政,卖官鬻爵,封官许愿,朝中乌烟瘴气。公元710年,韦后母女居然毒杀唐中宗,独揽大权。唐中宗侄子李隆基发动政变,拥立其父(即唐睿宗)为皇帝。公元712年,唐睿宗把皇位让给李隆基(即唐玄宗),改年号为"开元"。唐玄宗登基后,任命姚崇、宋璟、张嘉贞、张说、李元纮、张九龄等为宰相,姚崇重通变,宋璟倡法制,张嘉贞讲吏治,张说擅文学,李元纮崇节俭,张九龄尚正直;裁汰冗官,澄清吏治;打击佛教,淘汰僧尼;重视农业,招抚流民;抑制豪强,消灭权贵;整顿武备,巩固边防。开元时期(713—741),经济富庶,文化繁荣,对外开放,社会安定,史称"开元盛世"。杜甫在《忆昔》中道:"忆昔开元全盛日,小邑犹藏万家室。稻米流脂粟米白,公私仓廪俱丰实。"这是"盛世"的真实写照。

唐玄宗晚年宠爱杨贵妃。杨贵妃本为其儿子李瑁的妃子,玄宗对她一见钟情,封她为贵妃,沉溺其美色之中而不过问政事。宰相李林甫独揽大

权,结党营私,排斥异己,陷害忠良。李林甫当政
期间,一方面竭力打击政治对手,尤其是科举出身
官员;另一方面大力起用外族将领担任各地节度
使,旨在夯实自己的政治根基。公元 742 年(天宝
元年),安禄山被任命为平卢节度使。

安禄山本是营州的胡人,为人狡诈,心狠手
辣,工于谄媚。为了巴结唐玄宗、讨好杨贵妃,45
岁的安禄山恳求 29 岁的杨贵妃将其收为义子,还
进贡无数奇珍异宝。安禄山因此深得唐玄宗的信
任,任平卢节度使并兼任范阳节度使和河东节度
使,掌握庞大军队和巨额财富。

杨国忠为杨贵妃的远房堂兄,花言巧语、八面
玲珑,颇为玄宗所倚重。李林甫去世之后,杨国忠
担任宰相,与安禄山不和,时常在唐玄宗面前说安
禄山要造反。但安禄山善于伪装,骗取了唐玄宗
的进一步信任。公元 755 年,安禄山在范阳起兵
发动叛乱。安禄山叛军自北南下,所向披靡,占领
洛阳,攻陷长安,自称大燕皇帝。唐玄宗带着杨贵
妃、杨国忠等仓皇出逃。马嵬坡兵变,杨国忠被
杀,杨贵妃被绞死。白居易的《长恨歌》云:"九重
城阙烟尘生,千乘万骑西南行。翠华摇摇行复止,
西出都门百余里。六军不发无奈何,宛转蛾眉马
前死。花钿委地无人收,翠翘金雀玉搔头。君王

掩面救不得,回看血泪相和流。"唐玄宗心力交瘁,匆匆逃到成都;太子李亨宣布继承帝位,是为肃宗,尊玄宗为太上皇。唐肃宗抽调郭子仪军队,并借调回鹘士兵讨伐叛军。次年正月,安禄山为其子安庆绪所杀,安庆绪勾结史思明顽固抵抗,后为史思明所杀。史思明也自称大燕皇帝,于公元761年被其子史朝义杀害。公元762年,唐代宗李豫即位,发兵追讨史朝义。次年,史朝义在众叛亲离中自杀。这样,长达九年的"安史之乱"终于落下帷幕。

安史之乱拉开了一个"大变化时代"的帷幕,唐朝开始由盛转衰。政治上,中央集权土崩瓦解,宦官专权、党派斗争、藩镇割据等愈演愈烈;经济上,人口减少大半,租庸调制遭破坏,成片土地被荒废,财税收入锐减;军事上,内外军事平衡被打破,内地军事力量逐渐加强,"以夷制夷"军事策略危害巨大。

3.2.4 宦官专权与"牛李党争"

宦官制度是传统中国政治的畸形怪胎,宦官一般指在宫中服侍皇帝、嫔妃,被割除生殖器官的男人。他们长期生活在宫中并服务于皇帝及嫔妃,利用皇帝的信任,干涉政治,挑起斗争。东汉后期宦官干政，唐朝末年宦官专权。

安史之乱后，唐德宗委任宦官统率"神策军"，从此宦官势力壮大，一发不可收拾。唐宪宗李纯被宦官陈弘志等所杀，唐敬宗李湛被宦官刘克明等所杀，唐穆宗李恒、文宗李昂等皆立于宦官之手。唐文宗即位后，深恶宦官专权乱政，与宰相李训和凤翔节度使郑注等商议消灭宦官的计划。公元835年，李训和舒元舆等以金吾左仗院内石榴树上夜降甘露为名，试图将宦官一网打尽。后因事情败露，仇士良等人挟持文宗，指挥"神策军"反扑，数千人遭到杀戮，史称"甘露之变"。此后，宦官气焰更加嚣张，"自是天下事皆决于北司，宰相行文书而已。宦官气益盛，迫胁天子，下视宰相，陵暴朝士如草芥"（《资治通鉴·唐纪六一》）。

君子群而不党。结党在传统社会被视为大逆不道的事。《尚书·洪范》云："无偏无党，王道荡荡；无党无偏，王道平平。"东汉末年党锢之祸，宦官与士大夫角力。唐末朋党之争，以牛僧孺、李宗闵为首的派系与以李德裕为首的派系展开了长达四十年之争。"牛党"大多科举出身，门第卑微，凭借科举考试获得官职；而"李党"大多出身于世家大族，门第显赫，依靠父祖的荫庇进入官场。"牛李党争"始于个人恩怨。公元808年，牛僧孺、李

宗闵等人参加科举考试,在试卷中抨击时政,这让当时的宰相李吉甫大为不满,遂诉诸唐宪宗,导致考官受贬斥,牛李被摒弃。从此,他们结下了怨恨的种子。唐穆宗时牛僧孺任宰相,李吉甫之子李德裕受到排斥;唐武宗时李德裕任宰相,牛僧孺、李宗闵被流放南方;唐宣宗时,牛党重新被起用,李党全部被罢斥。最后,李德裕死于海南之崖州,党争终于偃旗息鼓。

"牛李党争"发端于个人之恩怨,持续数十年之久,其重要原因之一便是当时宦官政治造成政治环境闭塞,"官僚们长期被压制的巨大能量毫无用武之地,只能通过官僚之间结帮组派才得以发散"(气贺泽保规:《绚烂的世界帝国:隋唐时代》)。究其实质,为士大夫内部路线之争,即怎样选拔官员、如何看待藩镇之争。在这场党争中,牛党比李党稍占优势,反映出唐代科举出身的官员实力雄厚。唐文宗曾有"去河北贼易,去朝廷朋党难"之感慨,"牛李党争"使本来就腐朽衰落的唐王朝走向灭亡。

公元875年的黄巢起义,沉重打击了唐朝的统治。公元907年,梁王朱全忠逼迫唐哀帝退位,唐朝终于退出了历史舞台。

3.3 万邦来朝：隋唐时期中国与世界

高丽、新罗、百济、日本、林邑、泥婆罗、骠国、赤土国、真腊、室利佛逝、诃陵、天竺、狮子国、大食、波斯等国与唐朝往来密切。

3.3.1 中国与日本

公元 4 世纪中叶,大和王朝统一日本列岛后曾派遣使节前往中国请求封号。日本圣德太子统治时期,曾四次向隋朝派遣使节。公元 600 年,日本第一次派遣使节访隋。公元 607 年(大业三年),日本第二次派遣使节访隋。使节小野妹子向隋朝递交了"日出处天子致书日没处天子无恙"国书。这份国书在某种程度上反映了当时的日本试图与隋朝构建对等的国与国关系。隋炀帝大为不悦,对鸿胪寺卿说:"蛮夷书有无礼者,勿复以闻。"次年,隋炀帝派裴世清出使日本,日本"设仪仗,鸣鼓角来迎"(《隋书·列传》卷八十一)。公元 608 年,日本第三次派遣使节访隋,并派留学生和学问僧八人随同,受到隋炀帝接见。公元 615 年,日本第四次派遣使节访隋。

唐朝建立后,经济高度发达,文化空前繁荣,成为东亚最强大的国家。公元 630 年,日本派遣使者与唐交好,"太宗矜其道远,敕所司无令岁贡"。唐初,朝鲜半岛新罗、百济和高丽三国纷争不断,百济拉拢高丽,并勾结日本欲灭新罗,新罗四面受敌,求助于大唐。公元 663 年,唐朝、新罗联军与日本、百济联军在朝鲜半岛西南部的白江口爆发海战,以唐朝、新罗联军的胜利和百济的灭亡告终。此战确立了唐朝在东北亚地区的地位,日本进犯的野心随之破碎。意识到自身与唐朝的差距后,日本派出一批批遣唐使来华学习先进的文化。

　　日本遣唐使有留学生及学问僧等随行,少则一二百人,多则五百余人。这些人广泛地汲取唐朝的制度文化,归国后将其全面推广,推动了日本封建化进程。政制方面,遣唐使将中国典章制度带回日本,日本孝德天皇模仿唐代的政治制度,推行大化革新,确定官制、田制、刑法等。日本留学生吉备真备根据汉字楷书偏旁造片假名,学问僧空海根据汉字草书偏旁造平假名,为日本现行文字之始。中国的天文、历法、教育、文学、艺术、生产技术、服饰、娱乐、坐卧习惯等,陆续传入日本;中国的节令风俗如中秋、除夕等亦传至日本;日本的京都和奈良也仿唐代长安而建。一些日本人长期在华学习,甚至出任官职,如阿倍仲麻吕(中文名晁衡），留唐五十年，曾任秘书监、镇南都护、安南节度使等官。鉴真和尚历经九死一生，东渡日本，传授佛经，传播文化。这一切皆促进了中日关系的发展。

公元 894 年，日本右大臣菅原道真以"大唐凋敝"为由请求中止派出遣唐使。这样，历经 200 多年的遣唐使结束了其使命。

3.3.2 中国与高丽

高句丽在南北朝时期改国号为高丽。公元581 年，隋朝建立，高丽国王遣使者前来朝贡。据统计，高丽向隋朝朝贡有确切记载的次数为 10次，其中公元 581 年、584 年、591 年、592 年、597年、600 年为每年一次，公元 582 年、583 年为每年两次。（金富轼：《三国史论》）

虽然隋朝封高丽国王为"高丽王"，并授其为"大将军"，但高丽王朝对隋朝仍心存疑虑，害怕被吞并，便逐渐疏远了与隋朝的关系。公元 585 年，高丽向南朝陈进贡。高丽国王高元继位后，连续四年没有朝贡，并一改前朝恭顺之态度，于公元598 年侵犯辽西。高丽之所以贸然出兵，其目的在于打破隋朝统一突厥的计划，进而牵制隋朝在东北的扩张势力。隋文帝大为震怒，发兵三十万讨伐高丽。虽然这次远征因遭遇瘟疫、暴风而惨败，但成为隋唐远征高丽的开端。

公元 612 年，隋炀帝集结两百万大军，亲自带兵出征高丽，大败而归。公元 613 年，隋炀帝再次远征高丽，后因内部叛乱，铩羽而归。公元 614 年，隋炀帝悍然决定出兵高丽，因战局僵持不下，被迫撤兵。

唐朝建立后，高丽与唐朝确立了朝贡关系。公元 619 年，高丽国王遣使赴唐朝贡。公元 624 年，唐高祖封高丽国王为"辽东郡王"。公元 642 年，高丽内部发生政变，联合百济攻打新罗，且拒绝接受唐朝的调停。唐太宗发布"亲征高丽手诏"，指出："高丽莫离支盖苏文，弑逆其主，酷害其臣，窃据边隅，肆其蜂虿。朕以君臣之义，情何可忍。若不诛翦遐秽，无以澄肃中华。"并强调："一曰以我大而击其小；二曰以我顺而讨其逆；三曰以我安而乘其乱；四曰以我逸而敌其劳；五曰以我悦而当其怨。何忧不克？何虑不摧？"公元 645 年，唐太宗派遣十万大军征伐高丽，后因冬季严寒被迫撤军。（《全唐文》卷七）此后，"盖苏文益骄恣，虽遣使奉表，其言率皆诡诞；又待唐使者倨慢，常窥伺边隙。屡敕令勿攻新罗，而侵陵不止"。唐太宗决定再征高丽，但大臣们认为"高丽依山为城，攻之不可猝拔。前大驾亲征，国人不得耕种，所克之城，悉收其谷，继以旱灾，民太半乏食。今若数遣偏师，更迭扰其疆场，使彼疲于奔命，释末入堡，数年之间，千里萧条，则人心自离，鸭绿之北，可不战而取矣"（《资治通鉴》卷一九八）。公元 647 年和公元 648 年，唐朝两次出兵远征高丽，皆未奏效。唐高宗即位后，屡次派兵攻打高丽，于公元668 年攻克平壤，设立安东都护府，控制高丽。

隋唐征讨高丽连连失利，竟"以天下之众困于小夷"，其因何在？唐高宗时御史贾言忠一针见血地指出："隋炀帝东征而不克者，人心离怨故也；先帝东征而不克者，高丽未有衅也。"（《资治通鉴》卷二〇一）

3.3.3 中国与新罗

"新罗"一词始见于《梁书》。"新罗者，其先本辰韩种也。……辰韩始有六国，稍分为十二，新罗则其一也。"新罗这一国号始定于公元 503 年，取"新者德业日新，罗者网罗四方"之意。

唐初，朝鲜半岛上百济与高丽结盟，威胁到弱小的新罗。新罗对唐朝贡频繁，时常一年两贡，以此拉近关系，请求唐朝保护。公元 648 年，新罗国王派金春秋来长安向唐太宗提出"改其章服，以从中华制"。公元 655 年,百济、高丽侵占新罗 30 座城,新罗向唐朝求援,唐朝发兵讨伐。公元 663年,唐朝在新罗设鸡林州都督府,将新罗纳入羁縻府州管辖体系之内。公元 660 年和 668 年,新罗联合唐朝先后消灭百济和高丽。新罗趁机吞并百济、高丽的领地,壮大力量,并与唐朝发生了冲突。公元 670 年,"唐罗战争"爆发,一直持续到公元 676 年,史称"七年战争"。此后,新罗统一了朝鲜半岛大同江以南地区。公元 935 年,新罗被新建立的高丽王朝所灭。

新罗采用唐朝科举制选官,曾派遣使节和留学生来唐,其音乐也随之传入中国。

3.3.4 中国与中亚

中亚地区,连接东西大陆,是丝绸之路的纽带。中亚地区大多为游牧民族国家,战争不断,动荡不安。

3.3.4.1 突厥

6 世纪中叶,漠北突厥人建立了以游牧为主的部落联盟国家。突厥国家建立之后,其势力迅速扩展到整个蒙古高原。公元 583 年,隋军大败突厥,突厥分裂为东突厥与西突厥。公元 599 年,都蓝可汗与达头可汗结盟,打败了突利可汗,突利可汗投奔隋朝,隋文帝将义成公主下嫁突利可汗,并授予他"启民可汗"的称号。突利可汗在隋朝的援助下统一突厥各部。公元 615 年,隋炀帝北巡,始毕可汗突袭雁门,宣布脱离隋朝独立。

公元 626 年,唐太宗李世民刚即位,突厥颉利可汗便率 20 万大军直逼长安城外渭水之北,京师震动。唐太宗亲率臣下及将士来渭水之滨,隔着渭水与颉利可汗展开对话。颉利可汗看见唐大军严阵以待,且唐太宗许以金帛财物,遂与之杀白马、立盟约,领兵而退。这便是"渭水之盟"。

公元 630 年和公元 657 年,唐朝分别击败东、西突厥,俘虏东突厥颉利可汗和西突厥沙钵罗可汗,导致了突厥汗国的灭亡。唐朝在原东、西突厥领地分别设立都督府和都护府。这一系列战争的胜利,消除了边境的威胁,有力地保障了丝绸之路的畅通,促进了唐朝和西域的文明交流。

3.3.4.2　天竺

印度最早称为身毒(印度梵文 Sindhu 音)。张骞第二次出使西域时,曾派副使前往身毒,身毒也派使节随其回长安。皇帝"乃令王然于、柏始昌、吕越人等,使间出西夷西,指求身毒国"(《史记·西南夷列传》)。东汉时期,史籍称印度为天

竺,"天竺国一名身毒,在月氏之东南数千里"。汉和帝时天竺"数遣使贡献",汉桓帝延熹二年(159)和四年(161),天竺多次"从日南徼外来献",汉明帝因夜里梦见金人遂"遣使天竺问佛道法"(《后汉书·西域传》)。魏晋南北朝时,天竺各国仍遣使前往中国,与北魏、南朝等保持密切联系。

唐朝与天竺交往既频繁又深入。公元627年,玄奘赴西竺取经,带回657部佛经,被传为中印交流的佳话。公元641年,戒日王遣使来中国访问,唐太宗谕旨慰问,并派梁怀敬前往天竺回访。公元643年,唐太宗派李义表、王玄策率团前往天竺访问,公元647年,王玄策、蒋师仁率团再次访问天竺,公元657年,王玄策护送袈裟到天竺。"王玄策三访天竺"加强了中印之间的联系。此后,天竺各国不断遣使来长安献方物。公元720年,南天竺国王派遣战象、组织兵马,帮助唐朝讨伐吐蕃,唐玄宗赐其军为"怀德军"。

唐太宗派人到天竺学习熬糖法。7世纪末,中国的纸和造纸术通过尼泊尔传到印度。印度的医学、天文历法、语言学、音乐、舞蹈、绘画和建筑艺术等传入中国。

3.3.4.3 吐蕃

上古时期,羌人迁徙至西藏高原,形成诸多部落。公元 629 年,尺松赞①平定各部落,统一青藏高原,登上赞普之位,于公元 633 年建立吐蕃王朝。松赞干布继位后,引进文化,创立文字,设立官制,厘定法制,与唐朝、天竺等开展交往。公元 634 年,松赞干布派遣使节前往大唐朝觐,后又多次遣使求婚。公元 640 年,唐太宗将文成公主许配松赞干布,结为和亲关系。文成公主入藏使得中原地区先进的生产技术和科学知识陆续传入吐蕃,也加强了藏汉民族之间的联系。

唐高宗、武则天时期,吐蕃连年骚扰大唐边境。公元 670 年,吐蕃出兵西域,唐高宗派薛仁贵率十万大军征讨吐蕃,以失败而告终。吐蕃乘机攻陷安西四镇,占领西域大片领地。公元 706 年,吐蕃与唐朝在长安会盟,史称"神龙会盟"。次年吐蕃又遣使请求和亲,唐中宗答应以金城公主嫁给弃隶缩赞为妻。公元 709 年,弃隶缩赞派千余人前往长安迎接金城公主。此举加强了吐蕃与唐朝之间的联系,弃隶缩赞在给唐玄宗奏表中说:"外甥是先皇帝舅宿亲,又蒙降金城公主,遂和同一家"。(《旧唐书》卷一九六)

---

① 藏族人民尊崇弃宗弄赞之品德,追谥其为"干布",后人称他为"松赞干布"。

公元 714 年,吐蕃提出重划疆界,再度结盟,遭到唐朝拒绝。公元 732 年,在金城公主的斡旋下,唐朝与吐蕃再度结盟,划定边界。然而,双方仍交战不断。"安史之乱"后,赤松德赞趁边境空虚,举兵攻入长安。

3.3.4.4 回纥

回纥是突厥的分支,其部落由九个氏族组成。公元 629 年回纥遣使至唐朝贡。回纥曾归附唐朝,后来又背叛唐朝。"安史之乱"时,两京陷落,玄宗出逃,太子继位。回纥助唐平叛。唐肃宗急于收复都城,与回纥将领约定:"克城之日,土地、士庶归唐,金帛、子女皆归回纥。"(《资治通鉴》卷二二○)唐军在回纥的支持下,打败叛军,收复两京。长安收复后,唐肃宗称回纥军"功济艰难,义存邦国,万里绝域,一德同心,求之古今,所未闻也"(《旧唐书》卷一九五),并将幼女宁国公主嫁给回纥葛勒可汗。后来,回纥凭借平叛有功,强令唐朝用绢买马,并以病弱瘦马充数。唐朝有时一年要买十万匹马,且每匹马需绢四十匹。这给唐朝造成沉重的财政负担。

"安史之乱"后,回纥对唐朝居功自傲,胡作非为,双方摩擦不断。回纥军队不时侵犯,烧杀抢掠,唐朝不但不谴责其暴行,反而礼仪优待如初。唐德宗时,回纥合骨咄禄可汗多次遣使请求和亲,德宗将其女儿咸安公主嫁给可汗。可汗致书德宗云:"昔为兄弟,今为子婿,半子也。"(《旧唐书》卷一九五)唐宪宗时,回鹘保义可汗又遣使向唐朝求婚,唐朝一直未应允。公元821年,唐德宗将其妹太和公主嫁给崇德可汗。公元840年,回纥内讧,可汗被杀,诸部溃散,汗国灭亡。

在回纥汗国期间,十三名可汗中有十二名可汗接受了唐朝册封。唐朝先后有四个公主嫁给可汗。双方通过和亲、册封、朝贡、赏赐等形式紧密地联结在一起。

3.3.5 中国与阿拉伯帝国

阿拉伯帝国经过伊斯兰教创始人穆罕默德,以及后任哈里发的不断开拓,领土东起印度河和帕米尔高原,西至西班牙,南抵非洲的苏丹,北到西伯利亚乌拉尔河下游,地跨亚、欧、非三大洲,是当时世界上面积最大的国家。中国史书称之为"大食"。公元661年,穆阿维叶建立了以大马士革为首都的倭马亚王朝,中国史书称之为"白衣大食"。公元750年,阿拔斯利建立了以巴格达为首都的阿拔斯王朝,中国史书称之为"黑衣大食"。史

载:"唐永徽以后,屡来朝贡。"(《宋史·外国六》)

8世纪中叶,为争夺在西域的主导权,唐朝与阿拉伯帝国发生了战争——怛罗斯之战。公元750年,唐朝以西域藩国石国"无番臣礼"为由,派安西节度使高仙芝领兵征讨,石国国王请求投降。高仙芝允诺。不久,高仙芝却违背承诺,血洗石国城池,俘虏石国国王。石国王子遂向阿拉伯帝国求救,挑拨阿拉伯帝国进攻安西四镇。公元751年,高仙芝率军从安西出发,翻过葱岭,越过沙漠,经过了三个月的长途跋涉之后,于七月份到达中亚怛罗斯城(今哈萨克斯坦江布尔州附近)。唐军在阿拉伯人的内外夹击下溃败。怛罗斯之战是当时世界上最强大的东西方帝国间一场的碰撞,具有十分重大的历史意义。唐朝战败后,不少士兵被阿拉伯帝国俘虏,其中有造纸工匠等。阿拉伯帝国利用他们的技术在撒马尔罕设厂造纸,不久,大马士革等地也开始建造纸厂。这样,中国的造纸术从这里传入欧洲,推进了西方的文化事业发展。

唐后期,硝传入阿拉伯。硝是火药的主要成分,阿拉伯人称之为"中国雪"。同时,阿拉伯文化也传入唐朝,阿拉伯的天文、历法、数学、建筑、医学对中国产生了深远影响。

3.3.6 中国与东罗马帝国

公元 395 年,罗马帝国一分为二,西罗马帝国以罗马为首都,东罗马帝国以君士坦丁堡为首都。公元 476 年,西罗马帝国灭亡,东罗马帝国成为唯一延续的罗马帝国。君士坦丁堡在希腊时代被称为拜占庭,故东罗马帝国又称拜占庭帝国。[①] 公元 527 年,查士丁尼继承其叔的王位,正式成为东罗马帝国皇帝。他对外疯狂扩张,打败波斯帝国;对内镇压民众,修订《民法大全》。公元 1453 年,东罗马帝国为奥斯曼帝国所灭。

中国有史书称东罗马帝国为"拂菻"。"拂菻国一名大秦,在西海之上,东南与波斯接,地方万余里,列城四百,邑居连属。其宫宇柱椊,多以水精琉璃为之。有贵臣十二人共治国政,常使一人将囊随王车,百姓有事者,即以书投囊中,王还宫省发,理其枉直。其王无常人,简贤者而立之。"

[①] 从公元 330 年到公元 1453 年,"拜占庭帝国"从来不是这个国家的正式或非正式名称。1557 年德意志历史学家赫罗尼姆斯·沃尔夫(Hieronymus Wolf)在其整理编纂的《历代拜占庭历史学家手稿》中,为了区分罗马时代以前的古典希腊文献与中世纪东罗马帝国的希腊文献,引入了"拜占庭帝国"这个称呼。这个称呼后来逐渐被西欧历史学家广泛应用。

(《旧唐书》卷一九八)这些记载不免有模糊混乱之处,但也透露了罗马帝国的总貌。史载:"隋炀帝欲通拂菻,竟不能致。"贞观十七年(643),"拂菻王波多力遣使献赤玻璃、绿金精等物,太宗降玺书答慰,赐以绫绮焉。"(《旧唐书》卷一九八)有人认为,波多力就是东罗马帝国国王赫拉克利乌斯(Hera-clius)。此后,高宗乾封二年(667)、武后大足元年(701)、中宗景龙二年(708)、玄宗开元七年(719)和天宝元年(742),东罗马帝国皆派遣使者前往长安。特别在开元七年(719),东罗马帝国国王"遣吐火罗大首领献狮子、羚羊各二",数月后"又遣大德僧来朝贡"。其在阿拉伯帝国包围下主动与唐朝交好,隐含着政治救援的意图。公元782年,阿拉伯帝国围攻君士坦丁堡,东罗马被迫向阿拉伯帝国纳贡,遂中断了与唐朝的联系。

4　宋元时期的中国与世界

4.1　幸福时代：宋朝建立

公元 960 年，赵匡胤通过兵变登上帝位，定国号为宋。公元 1127 年，靖康之乱，钦宗、徽宗被掳，北宋灭亡。公元 1279 年，临安陷落，南宋覆亡。宋代并非积贫积弱的时代，而是一个不太强大但有幸福感的朝代。跟汉朝比，宋朝无内乱；跟唐朝比，宋朝更繁华舒适；跟明清比，宋朝更开放。

4.1.1　陈桥驿兵变与"杯酒释兵权"

公元 959 年，后周世宗柴荣病死，年仅七岁的太子柴宗训继位。柴宗训年幼，宰相范质迂腐，大将韩通鲁莽，殿前都点检赵匡胤遂趁机夺权。

公元 960 年元月，辽军南下侵犯后周，朝廷急令赵匡胤领军迎战。正月初三，赵匡胤率军出征，夜里驻扎陈桥驿。当时京城中已有"立点检为天

子"的谣传。初三夜里,将士们觉得"主上幼弱,未能亲政,今我辈出死力为国家破贼,谁则知之?不若先立点检为天子,然后北征,未晚地"(司马光:《涑水记闻》),遂密谋拥立赵匡胤为天子,次日凌晨便将黄袍披挂在赵匡胤身上。赵匡胤半推半就,登上了宝座,改国号为宋。

赵匡胤利用兵变的形式夺取皇位后,担心部下效仿篡权,遂问计于赵普。赵普答曰:"唐季以来,战斗不息,国家不安者,其故非他,节镇太重,君弱臣强而已矣。今所以治之,无他奇巧也,惟稍夺其权,制其钱谷,收其精兵,天下自安矣。"赵匡胤设宴慰劳部下石守信等人,自叹登基后"终夕未尝敢安寝而卧",以"黄袍加汝之身汝虽欲不为不可得"为由,劝他们"释去兵权,择便好田宅市之,为子孙立永久之业;多置歌儿舞女,日饮酒相欢,以终其天年"(司马光:《涑水记闻》)。将领们纷纷交出军权,解甲归田。这就是"杯酒释兵权"。必须指出的是,历史上关于"杯酒释兵权"的记载主要见诸宋人笔记而非官方文献。一方面,"杯酒释兵权"消除了军人干政的隐患,拉开了文人治国的帷幕;但另一方面,"杯酒释兵权"也造成了军队战斗力的减弱和国防力量的衰微,埋下了被外族欺凌等祸患的种子。

4.1.2　庆历新政与熙宁变法

庆历三年(1043),宋朝与西夏发生战争,大败而归,随后王伦在山东临沂举兵起义。面对内外交困的政局,宋仁宗提拔范仲淹、韩琦、富弼等人参与朝政。范仲淹、富弼等人给宋仁宗上了《答手诏条陈十事》,提出"明黜陟、抑侥幸、精贡举、择官长、均公田、厚农桑、修武备、推恩信、重命令、减徭赋"。宋仁宗采纳了大多数主张,实施改革,因其年号为"庆历",故历史上称这次改革为"庆历新政"。庆历新政以整饬吏治、砥砺士风、改革科举、兴办学校、认明经旨、培养人才为主要内容,旨在剔除弊端、完善体制。

庆历新政所推行的改革触犯了权贵们的既得利益,因而遭到保守势力的猛扑。以夏竦为首的反对派攻击范仲淹、韩琦结交朋党。从汉代"党锢之祸"起,历代帝王皆反对大臣结为朋党并对此严厉惩办。反对派诬蔑韩琦与范仲淹结为朋党,试图利用皇帝的猜忌与疑虑,达到打击对手的目的。范仲淹提出"小人有党,君子也有党"予以回击。一计不成,夏竦另生一计。他指使人仿石介的笔迹写信给富弼,说要废除仁宗。宋仁宗找借口罢免了范仲淹等人,中止了这场改革。

庆历新政是北宋王朝的一次自改革运动。日本学者认为庆历新政是宋朝摆脱大唐帝国以来的束缚，走向自由的第一步，"这个运动，孕育了以后各种改革的所有萌芽"（小岛毅：《中国的思想与宗教的奔流：宋朝》）。

庆历新政失败后，"三冗"（冗官、冗兵、冗费）、"两积"（积贫、积弱）问题越来越严重。王安石既是杰出的文学家，又是精明的政治家，颇负盛名。司马光认为只要王安石当政"则太平可立致，生民咸被其泽"。

为了解决财政问题，熙宁二年（1069），宋神宗提升王安石为参知政事，后又将其拔擢为宰相，并实施政治改革，史称"熙宁变法"。这次变法涉及诸多方面，包括均输法、青苗法、市易法、募役法、保甲法、保马法、贡举法等。王安石变法的主要特征是将唐末以来发展壮大的民间经济组织纳入政府的主导体制之内，进而由国家直接控制社会，其指导思想是"理财以富国，富国以强兵"。傅斯年曾这样评价"王安石变法"："其改革之总用意，亦为富国强兵，以雪契丹之耻，……即其各法，亦多有远见之明，此固非'不扰民'之哲学所赞许，却暗合近代国家之所以为政也。"（傅斯年：《中国民族革命史》）然而，这场变法同样遭到保守派的反对。

司马光指责变法是"破先王政之恶法",导致"国家与民争利",直言弊端"一曰广散青苗钱,使民负债日重,而县官实无所得;二曰免上户之役,敛下户之钱,以养浮浪之人;三曰置市易司,与细民争利,而实耗散官物;四曰中国未治,而侵扰四夷,得少失多;五曰结保甲,教习凶器,以疲扰农民;六曰信狂狡之人,妄兴水利,劳民费财"(《应诏言朝政阙失事》)。元丰八年(1085),宋神宗驾崩,宋哲宗继位,任命司马光为宰相,废除新法,恢复旧法。次年王安石去世。

人类学家理查德·利基曾说:"在追踪这个人类学革命过程之前,我们简要地来看看过去一些年里曾经提出的用来解释最早的人科物种是怎样起源的几种假说,有趣的是当每一种新的假说流行时,它常在某种程度上反映出当时的社会气候。"(《人类的起源》)同样,不同时代的人们对王安石变法的认知各不相同。宋神宗时王安石变法在一定程度上强化了君权,增加了财政收入,推进了经济发展。

4.1.3 靖康之耻与建炎南渡

宋徽宗统治时期,奸臣当道,政局混乱。公元1120年,宋徽宗听从蔡京之言,与金国结为"海上

之盟",拟定联手灭辽。然而,宋朝两次出征皆被辽军打败,金兵却趁机攻克燕州。金灭辽后,已无后顾之忧。公元1125年,金太宗下诏伐宋,金军分兵两路南下攻打开封。43岁的宋徽宗惊慌失措,匆忙让位于太子赵桓,即宋钦宗。赵桓继位后,改年号为靖康。宋钦宗生性多疑,软弱无能,信任佞臣,毫无作为。公元1127年,金兵攻下开封,要求宋十日之内交出"犒军费金一百万锭、银五百万","如不敷数,以帝姬、王妃一人准金一千锭,宗姬一人准金五百锭,族姬一人准金二百锭,宗妇一人准银五百锭,族妇一人准银二百锭,贵戚女一人准银一百锭"。北宋一时半刻交不出巨额赎金,"选纳妃嫔八十三人,王妃二十四人,帝姬、公主二十二人,人准金一千锭,得金一十三万四千锭,内帝妃五人倍益。嫔御九十八人,王妾二十八人,宗姬五十二人,御女七十八人,近支宗姬一百九十五人,人准金五百锭,得金二十二万五千五百锭。族姬一千二百四十一人,人准金二百锭,得金二十四万八千二百锭。宫女四百七十九人,采女六百单四人,宗妇二千单九十一人,人准银五百锭,得银一百五十八万七千锭。族妇二千单七人,歌女一千三百十四人,人准银二百锭,得银六十六万四千二百锭。贵戚、官民女三千三百十九人,人准银一百锭,得银三十三万一千九百锭"(《开封府状》)。后人感叹:"自古亡国之耻辱,未有如赵宋者。"金兵攻陷开封后大肆抢劫,王朝府库、古董文物、图书典籍等皆被劫掠一空,还掳掠宋徽宗、宋钦宗及嫔妃北上,驱掳男女不下 10 万人,灾祸之惨烈给后人留下了难以治愈的伤痛,史称"靖康之耻"。为此,岳飞在《满江红》中云:"靖康耻,犹未雪,臣子恨,何时灭!"靖康之耻导致北宋灭亡,宋室南迁。

公元 1127 年 5 月,赵构被迎入宫,登上帝位,史称高宗,改元建炎。因金兵威胁犹存,宋高宗发布诏书"巡幸东南",率随从逃到扬州。开封府尹兼东京留守宗泽先后上书 24 次,呼吁高宗还都,领兵共同抗金。然而,宋高宗在扬州置若罔闻,照旧寻欢作乐。后来,金兵南下扬州,宋高宗渡江逃至杭州,升杭州为临安府。金兵随之南追,攻下建康(今南京)、临安(今杭州)、越州(今绍兴)、明州(今宁波),宋高宗吓得躲在船上逃往温州。后来,韩世忠和岳飞率兵打败金兵,宋高宗才结束亡命生涯,回到越州,改年号为绍兴,升越州为绍兴府。公元 1132 年(绍兴二年),宋高宗驻跸临安,南宋小朝廷确立。

4.1.4　崖山之战与南宋灭亡

公元 1271 年，元朝建立后，元军南下灭宋。公元 1276 年，元军直逼临安，5 岁的宋恭帝被迫投降。益王赵昰、广王赵昺出逃。在陆秀夫、张世杰、陈宜中、文天祥等人的协助下，赵昰在福州称帝，改元景炎，史称宋端宗。因元军紧追不舍，宋端宗在颠沛流离中死去。公元 1278 年，赵昺被拥立为帝，改元祥兴。次年正月，张弘范领军包围崖山，30 万宋军不敌 3 万元军，大臣陆秀夫背着小皇帝赵昺投水自尽，南宋完全退出历史舞台。

崖山之战是中国历史重要的转折点。有人认为南宋的灭亡并非一次"改朝换代"，而是一次"文化亡国"，所谓"崖山之后无中华"。这种说法割裂了中国历史，不足为信。尽管朝代更替，但中华文化始终延续下来，从未中断。

4.1.5　富庶繁荣之王朝

宋史专家漆侠先生曾说："在两宋统治的三百年中，我国经济、文化的发展，居于世界的最前列，是当时最为先进、最为文明的国家。"

宋代国库充盈，商业发达。公元 1021 年，宋朝总收入为 1.5085 亿贯，根据当时的折换率，估值为黄金 1500 万两至 1800 万两之间。（黄仁宇：

《中国大历史》)有学者认为,因宋朝经济的大发展,特别是商业方面的发展,或许可以恰当地称之为中国的"商业革命"(费正清、赖肖尔:《中国:传统与变革》)。斯塔夫里阿诺斯也说:"宋朝时期值得注意的是,发生了一场名副其实的商业革命,对整个欧亚大陆有重大的意义。……中国首次出现了主要以商业,而不是以行政为中心的大城市。"他进而解释道:商业革命的根源在于中国经济的生产率显著提高。技术的稳步发展提高了传统工业的产量。同样,水稻早熟品种的引进,使作物在过去只能一季一熟的地方达到一季两熟,从而促进了农业发展。此外,宋朝兴修的水利工程,大大扩大了水田灌溉面积。据估计,公元 11 世纪至 12 世纪,水稻产量增加了一倍。生产率提高使人口的相应增长成为可能,而人口增长反过来又进一步推动了生产力的发展。经济活动的迅速发展还增加了贸易量。(《全球通史》)据史料记载,宋代开封有 2 万多家商户,其中资本雄厚的商户就有 640 家;号称"正店"的大酒楼有 72 家,称为"脚店"的小酒楼有 3000 多家。南宋时期,临安(今杭州)人口高达150 万,比当时世界上任何城市的人口都多。

"公元 960 年宋代兴起,中国好像进入了现代,一种物质文化由此展开。货币之流通,较前普

及。火药之发明,火焰器之使用,航海用之指南针,天文时钟,鼓风炉,水力纺织机,船只使用不漏水舱壁等,都于宋代出现。"(黄仁宇:《中国大历史》)中国古代的"四大发明",除了造纸术之外,指南针、火药、活字印刷术均出现在宋代。美国史家墨菲指出:"在很多方面,宋朝是中国历史上最令人激动的时代。……中国在 11 世纪生产的铁、钢和其他金属制品,可能比欧洲直到 18 世纪中叶生产的还多。用煤进行冶炼和取暖也比欧洲早 7 个多世纪。……航海用的船舶在大小和设计上都有了惊人进展,有些船除了货物外还能运载 600 多人,比近代以前世界任何地方的船都大。这些船采用了多重桅、分隔密封舱(其他地方很久以后才知道)和同样重要的船尾舵,后者代替了难操纵又经不起海上风浪的摇橹。在所有这些方面,宋代的船都超前于当代西方船舶许多世纪。"(墨菲:《亚洲史》)

日本学者宫崎市定称赞宋朝为"东方的文艺复兴时代"。他说:"中国宋代实现了社会经济的跃进,都市的发达,知识的普及,与欧洲文艺复兴现象比较,应该理解为并行和等值的发展,因而宋代是十足的'东方的文艺复兴时代'。"(宫崎市定:《东洋近代史》)墨菲认为"哲学家朱熹是所谓新儒教的奠基人,他在很多方面有点像达·芬奇"。美国历史学家威尔·杜兰在其名著《世界文明史——东方的遗产》一书中用"宋朝的文艺复兴"做标题,并写道:"对智慧的追求和对美的热爱是中国人心灵上的两大支柱。我们可以这么说:中国即是哲学,中国即是瓷器。中国人对于美的热爱,并不是那种充满奥秘的唯美主义,也不是那种毫无意义的虚构和与人生毫不相干的艺术形式,而是一种世俗的美和实用的结合,是一种最实际的钟爱之情。到了宋朝,这种美化个人、庙宇和家庭的艺术,达到了最高的境界。宋朝是中国瓷器制作的黄金时代,几百年后的明朝,陶工对宋朝的瓷器都赞不绝口,认为明朝的瓷器极少有能超越宋朝的,收藏家把宋朝的瓷器视为无价之宝。中国的瓷器是中国文明的象征,是人类所能做的最高贵的东西之一。"史学家陈寅恪认为:"华夏民族之文化,历数千载之演进,造极于赵宋之世。"(陈寅恪:《邓广铭〈宋史职官志考证〉序》)

4.2 走向开放:宋朝与世界

英国学者阿诺德·汤因比说:"10世纪、11世纪、12世纪的后起蛮族,也强烈地为中国文明所吸引。除了自身采纳中国文明,他们还在自己统

治的领土上传播了中国文明,而这些领土又从未纳入过中华帝国的版图。因而,中华帝国的收缩由于中国文明的扩张而得到了补偿——不仅在中华帝国周边兴起的国家如此,在北韩和日本也是如此。"(阿诺德·汤因比:《人类与大地母亲》)

4.2.1　宋与东亚

4.2.1.1　高丽

唐末,朝鲜半岛各国林立。公元 918 年,王建自称"高丽王",唐朝封其为"高丽国王"。公元 962 年,高丽国王王昭派广评侍郎李兴祐、副使李励希、判官李彬等来宋朝贡。次年宋太祖封王昭为"开府仪同三司、检校太师、玄菟州都督、充大义军使",赞其"习箕子之余风,抚朱蒙之旧俗。而能占云候海,奉赆充庭,言念倾输,实深嘉尚",加赐"推诚顺化保义功臣"。(《宋史·高丽传》)这样,两国宗藩关系正式建立,高丽国王频遣使者来华朝贡,还多次派遣留学生来华学习。公元 972 年,王昭"遣使以方物来献",宋太祖加赐"推诚顺化守节保义功臣"。公元 976 年,王伷继承王位,宋太祖封其为"高丽国王、检校太保、玄菟州都督、充大义军使"。次年,宋太宗遣左司御副率于延超、司农寺丞徐昭文出使高丽。公元 994 年,辽军进犯

高丽,高丽国王遣使来华请求援兵。宋"以北鄙甫
宁,不可轻动干戈,为国生事,但赐诏慰抚,厚礼其
使遣还"。高丽被迫向辽称臣纳贡,"朝贡中绝",
但仍遣使来华。公元1021年,高丽派礼部侍郎韩
祚等179人来华谢恩。公元1030年,高丽派侍郎
元颖等293人来华朝觐并奉献金银器、鞍勒马、香
油、人参、细布、铜器、硫黄、青鼠皮等。公元1069
年,宋商人黄真、洪万赴韩,告知高丽国王奉旨来宋
通好,高丽国王也说自己曾梦至中华。次年高丽国
王遣侍郎金悌等百十人来华,恢复了中断近40年
的朝贡关系。南宋时期,高丽"虽通使不绝,然受契
丹封册,奉其正朔",朝廷以为"彼昔臣事契丹,今必
事金国,安知不窥我虚实以报,宜止勿使来",这样,
两国之间的朝贡关系再度中断。宋钦宗登基,高丽
派遣贺使至明州(今宁波),因被朝廷阻拦而滞留。
公元1132年,高丽国王派遣礼部员外郎崔惟清、合
门祗候沈起向宋朝纳贡黄金百两、白银千两、绫罗
二百匹、人参五百斤。(《宋史·高丽传》)

　　宋朝平时厚待高丽使节,"每一次入贡,朝廷
及淮浙两路赐予馈送燕劳之费,约十余万贯"。为
此,苏东坡认为与高丽朝贡"无丝毫之利而有五
害"(《苏东坡全集》卷六三)。高丽也高规格接待
宋朝来使,如公元1079年,宋神宗派安焘、陈睦乘

神舟两巨舰赴高丽，当地人欢呼出迎，高丽国王峨冠博带接受诏书，并设顺天馆迎接使者，意谓"尊顺中国如天"（《宋史·高丽传》）。北宋多次向高丽赠送礼服、乐器、银器、漆器、锦、绢、茶、酒、象牙及钱币等，还屡次派人到高丽传授医术。公元1079年，高丽国王王徽得病，宋神宗派遣王舜封携医前往诊治。

宋朝时，两国贸易往来频繁。每逢春末夏初，山东、两浙、福建沿海等地区的港口，便挤满了由高丽来的船只。到了夏秋之间的南风季，高丽由贞州到开京的水道上，也不断地行驶着从中国各大港口来的商船。两国文化交流不断。公元977年，高丽国王派金行成①来宋并就学于国子监。康戬随贡使就学于国子监，公元980年进士及第，曾任度支员外郎、户部判官、工部郎中等。公元987年，高丽国王遣使来华朝贡，派生崔罕、王彬前往国子监就读。公元993年，王彬、崔罕等以宾贡进士及第并被授予官职。北宋还将《大藏经》《太平御览》《开宝通礼》《文苑英华》《册府元龟》等典籍赠送给高丽。高丽音乐也因受中国的影响而分为唐乐和乡乐。

---

① 　金行成后在宋朝累官至殿中丞，不愿归国。

4.2.1.2 日本

公元 894 年,日本废止遣唐使后,中日之间长时期没有正式官方往来。宋朝建立后,日本采取"脱宋"政策,一方面通过"贡方物"来保持中日之联系,另一方面又回避正式国家层面之交往,也就是"经济接触,政治回避"(赵莹波:《宋朝与日本、高丽之间"准外交关系"初探》)。然而,日本僧人陆续不断地前往中国。公元 984 年,日本僧人奝然与其徒五六人浮海而至,宋太宗召见奝然并赐紫衣,将其安置于太平兴国寺。公元 986 年,奝然带着宋太宗赐予的《大藏经》等乘台州宁海商人郑仁德的船回国。公元 1004 年,日本僧人寂昭等八人来华,宋真宗将其封为圆通大师,并赏赐紫方袍。公元 1072 年,日本僧人成寻抵华,献银香炉、白琉璃、五香、水精、紫檀、琥珀所饰念珠及青绫等,宋神宗赐其紫方袍并将其安顿于开宝国寺。公元 1078 年,日本翻译僧人仲回来到中国,宋神宗赐号慕化怀德大师。(《宋史·日本国》)

针对日本的"脱宋"外交政策,宋朝采取针锋相对的策略。公元 1026 年,日本太宰府遣人进贡方物而不持日本国书遭到宋朝的抵制。此后,宋神宗让商人携带国书和礼物出使日本,试图恢复

两国的往来。公元 1078 年,宋朝趁日本翻译僧人搭乘商人孙忠的商船回国之机,让孙忠带着国书和礼物出使,"以孙忠乃海商,而贡礼与诸国异",借此消除日本的戒备之心。(《宋史·日本国》)公元 1080 年,商人黄逢带着国书来到日本,意在打听孙忠的下落。次年商人黄政又携国书东渡日本,除了寻找商人孙忠之外,还请求日本遣返商人刘琨父子。这表明尽管日本回避与宋朝的正式往来,但双方仍存在"非正式准外交关系"。

宋朝时,中日贸易繁荣。宋朝输往日本的商品主要有瓷器、丝绸、香料、药材、书籍、文具、铜钱等。日本输入中国的货物主要是木材、黄金、硫黄、水银、沙金和各种手工艺品。中日文化交流也频繁。宋朝大量书籍通过商人传入日本。[①] 日本僧人荣西曾于公元 1168 年和公元 1187 年两次来中国,不仅把禅宗输入日本,还将茶种带回日本。

4.2.2 宋与东南亚

宋朝与东南亚之间的关系密切,交趾(今越南北部)、占城(今越南中南部)、三佛齐(今印尼)等皆曾遣使来华朝贡。据统计,宋朝时,交趾来华朝

---

① 浙江大学王勇教授为此提出"书籍之路"。

贡 45 次,占城 56 次,三佛齐 33 次。(陈永华:《两宋时期中国与东南亚关系考略》)宋朝对东南亚国家,"厚其委积而不计其贡输,假之荣名而不责以烦缛;来则不拒,去则不追;边圉相接,时有侵轶,命将致讨,服则舍之,不黩以武"《宋史·外国一》。

4.2.2.1 越南

越南古称交趾之地。公元前 214 年,秦始皇平定岭南,设置南海、桂林、象三郡,其中象郡包括当今越南中、北部,广西壮族自治区南部地区。秦末农民起义,中原动荡,南海郡龙川县令赵佗趁机发难,吞并桂林和象郡,于公元前 207 年建"南越国",自封"南越武王"。汉高祖统一天下后,于公元前 196 年派陆贾出使南越,封赵佗为"南越王"。公元前 112 年,汉武帝派兵征讨南越,分设九郡,以交趾刺史统领之。东吴时孙权在交趾地区设置交州刺史。隋统一中国后,交州归附。唐初设立交州都督府,后改为安南都护府,从此交州改称安南。公元 968 年,丁部领称皇,号"大瞿越"。公元 975 年,丁部领遣使进贡犀牛、大象、香料。宋太祖下诏云,"部领世为右族,克保遐方;夙慕华风,不忘内附",授"开府仪同三司、检校太师"一职,封"交趾郡王"。公元 980 年,黎桓篡位,上表请罪,

宋朝封其为"交趾郡王",赐号"推诚顺化功臣"。公元1009年,李公蕴篡位,自称"大越国"。宋真宗说他"黎桓不义而得,公蕴尤而效之,甚可恶也",又以其野蛮不足责,仍封其为"交趾郡王",特赐"推诚顺化功臣"一号,公元1017年又册封其为"安南国王"。公元1054年,李日尊继位,改国号为"大越"。(《宋史·外国四》)

宋初,越南作为中国藩属国时常来华朝贡。据不完全统计,越南朝贡次数达42次。史载交趾"开宝元年八月,来贡方物。太平兴国二年、五年、七年、八年,来贡方物。雍熙二年,贡方物。三年,贡金器、牙犀。端拱元年,贡方物。淳化元年,贡龙凤椅子、伞握子。五年,贡方物。至道三年,贡七宝交椅、方物。咸平元年,献驯象。四年,贡驯犀象。景德元年,遣其子明提来贡。四年,遣其弟明昶来贡,乞赐九经、佛经。大中祥符二年,贡驯犀。三年、五年、七年,贡方物。天禧三年,遣弟鹤来贡方物。熙宁二年、六年,贡方物。元丰元年,贡方物"(《宋朝事实》卷十二)。当时越南所贡物品有金瓶、银盆、象牙、犀角、翠羽、良马、沉香、驯象、七宝装交椅等。宋朝馈赠物品有鞍马、袍带、丝绸、钱币、甲胄、金带等。为此,宋真宗诏令交趾诸国"使入贡者,所在馆饩供亿,务令丰备"(《宋史·外国四》)。宋朝在朝贡方面采取"薄收厚赠"的策略以凸显大国风范。公元 1022 年,越南李朝向宋朝进贡价值约 1680 贯的方物(土产),宋朝回赠价值约两千贯的礼物。公元 1028 年,越南又向宋朝贡奉价值 3060 贯的方物,宋朝回赠了价值 4000 贯的礼品。(《宋会要辑稿·藩夷四》)为了减少扰民之累,公元 1139 年,宋高宗以"其无用而烦民"为由,下诏退还安南所进贡的大象,其他进贡礼物也只收十分之一。

除了派遣使节,越南从李朝开始便大规模学习中国的制度文化,修文庙,塑周公、孔子、七十二贤像;设国子监,授生徒,开科取士。越南统治者还派人来华购买书籍,宋朝规定"除禁书、卜筮、阴阳、历算、术数、兵书、敕令、时务、边机、地理外",其他书皆许其购买。宋朝还时常赠送越南《大藏经》等佛经。以上这些,在一定程度上促进了越南文教的发展。

4.2.2.2 印尼

印尼古称三佛齐。唐天祐年间曾来华朝贡。两宋时期,中国和印尼的交往非常密切。公元 960 年,三佛齐遣使李遮帝来华朝贡。此后,仍不时遣使向宋太祖进贡。史载:"建隆元年,二年,三

年三月、十一月,贡方物。开宝四年、五年,贡方物。七年,贡象牙。八年,贡方物。太平兴国五年、八年,贡方物。雍熙二年,贡方物。端拱二年,贡方物。淳化元年,贡方物。咸平六年,贡方物。大中祥符元年,贡方物。天禧元年,贡方物。天圣六年,贡方物。"(《宋朝事实》卷十二)据不完全统计,三佛齐遣使朝贡北宋共有 28 次,南宋时期有 5 次。三佛齐所贡礼品包括白金、珍珠、火油、犀角、香料、象牙、蔷薇水、万岁枣、褊桃、白砂糖、水晶指环、琉璃瓶、珊瑚树等,宋朝则回赠白瓷器、银器、锦线鞍辔、冠带、钱币等。此外,宋朝给三佛齐来华贡使各种特权,如公元 1008 年,宋真宗泰山封禅,朝廷允许贡使列席于朝觐坛。按照旧制,属国进贡,朝廷赐以间金涂银带,而特赐三佛齐使节浑金带。宋朝不但授予三佛齐使节官爵(如公元 1003 年,宋真宗授予李加排归德将军、李南悲怀化将军),而且还重赏三佛齐使节(如宋神宗"赐钱六万四千缗、银一万五百两")。宋高宗赵构直言:"远人向化,嘉其诚耳,非利乎方物也。"中国文化对三佛齐影响深远,史载三佛齐"亦有中国文字,上章表即用焉"(《宋史·外国五》)。

　　宋朝时期,中国输往东南亚的商品主要有丝帛、茶叶、瓷器、铁器等。东南亚运往中国的商品有香料、犀角、象牙、珍珠、水晶等。宋朝时期,香料进口费用最高时占财政收入的十分之一。（刘迎胜:《丝路文化·海上卷》）于是,学者把中国与东南亚的贸易之路称为"香料之路"。

4.2.3　宋与西亚

中国宋朝时期,阿拉伯帝国已经衰落,分崩离析,"麻啰抹、施曷、奴发、哑四包闲啰、施美、木俱兰、伽力吉、毗喏耶、伊禄白达、思莲白莲、积吉甘眉、蒲花罗、层拔、弼琶啰、勿拔、瓮篱、记施、麻嘉、弼斯啰、吉慈尼、勿斯离,皆其属国也"（赵汝适:《诸蕃志》）。《宋史》也载"其国部属各异名,故有勿巡,有陁婆离,有俞卢和地,有麻啰跋等国,然皆冠以大食"。

公元 966 年,僧人行勤出游西域,宋太祖"赐其王书以招怀之",企图招徕西亚诸国。公元 968 年,大食遣使向宋朝纳贡。公元 971 年,大食又遣李诃末来华进贡,宋太祖封其"怀化将军"。尔后,大食不断遣使朝贡,大食商人也随之纳贡。公元 993 年,大食舶主蒲希密"进象牙五十株,乳香千八百斤,宾铁七百斤,红丝吉贝一段,五色杂花蕃锦四段,白越诺二段,都爹一琉璃瓶,无名异一块,蔷薇水百瓶"。公元 995 年,大食舶主蒲押陀黎

（蒲希密之子）"来献白龙脑一百两，腽肭脐五十对，龙盐一银合，眼药二十小琉璃瓶，白砂糖三琉璃瓮，千年枣、舶上五味子各六琉璃瓶，舶上褊桃一琉璃瓶，蔷薇水二十琉璃瓶，乳香山子一坐，蕃锦二段，驼毛褥面三段，白越诺三段"。公元 1011 年，大食遣使赠送"香、象牙、琥珀、无名异、绣丝、红丝、碧黄绵、细越诺、红驼毛、间金线壁衣、碧白琉璃酒器、蔷薇水、千年枣等"（《宋史·外国五》）。

宋朝时，中国贩运到阿拉伯地区的货物主要有丝绸、瓷器等，阿拉伯贩运到中国的货物有香料、药材、犀角、珠宝等。在广州、泉州等城内，还居住着许多阿拉伯富商。阿拉伯人把阿拉伯文化，如天文、历法、医学等介绍到中国，又把中国文化传播到西方。中国的造纸术、炼丹术、火药、指南针等由他们先后传播到非洲和欧洲，对西方文化发展起到了很大的促进作用。

4.2.4 宋与非洲

宋朝的海外贸易不仅触及西亚大食，还远播非洲诸国。赵汝适的《诸蕃志》介绍了东非沿岸几个小国的具体情况。如层拔国"在胡茶辣国南海岛中，西接大山"，"产象牙、生金、龙涎、黄檀香"。中理国"与弼琶啰国隔界，周围四千里，大半无人烟","山出血碣、芦荟,水出玳瑁、龙涎"。弼斯啰国"产骆驼、绵羊、千年枣"。昆仑层期国"在西南海上,连接大海岛","土产大象牙、犀角"。这表明南宋时期国人对非洲已经有了较多的认识。考古学家在东非海岸的摩加迪沙、布腊伐、桑给巴尔、马菲亚岛、基尔瓦群岛等地都曾发现唐宋时期的钱币;在格迪、奔巴岛、桑给巴尔、坦噶尼喀和基尔瓦群岛也曾发现宋代的瓷器和瓷器的碎片。

4.2.5 宋与东罗马

公元 1081 年,东罗马帝国遣使来贡,献鞍马、刀剑、珍珠。公元 1091 年,东罗马帝国再度遣使朝贡,宋哲宗赏赐东罗马国王二百匹帛、白金瓶、袭衣、金束带等。

4.3 苦难年代:元朝

蒙古在蒙古语中是"永恒的河"的意思。唐朝时期,黑龙江上游额尔古纳河和呼伦湖一带生活着一个名为蒙兀室韦的游牧部落,后来迁徙到蒙古高原,形成蒙古部落。

公元 1162 年,蒙古乞颜部酋长也速该的儿子铁木真降生。铁木真长大后统一全蒙古,于公元 1206 年即位,自称成吉思汗,建立大蒙古国。成

吉思汗去世后,窝阔台继位(即太宗)。后来,宪宗蒙哥在征服南宋之战中阵亡。公元1260年,忽必烈继位称帝(即元世祖),1271年改国号为"元",是为元朝。公元1276年,元军攻陷临安,统一中国。元朝疆域包括汉地、漠南、漠北、东北、新疆东部、青藏高原、澎湖群岛、济州岛及南海诸岛等。《元史·地理志》云:"自封建变为郡县,有天下者,汉、隋、唐、宋为盛,然幅员之广,咸不逮元。汉梗于北狄,隋不能服东夷,唐患在西戎,宋患常在西北。若元,则起朔漠,并西域,平西夏,灭女真,臣高丽,定南诏,遂下江南,而天下为一,故其地北踰阴山,西极流沙,东尽辽左,南越海表。"元朝的建立在中国历史上影响非凡。中国从"小中国"变为"大中国"进而成为"多民族之中国",不仅领土的范围扩大了,而且民族的融合也加快了。因此,黄宗羲说:"夫古今之变,至秦而一尽,至元而又一尽。"(黄宗羲:《明夷待访录》)然而,法国汉学家谢和耐却说:"蒙古人的入侵形成了对于伟大的中华帝国的沉重打击,这个帝国在当时是全世界最富有和最先进的国家。在蒙古人入侵的前夜,中华文明在许多方面都处于它的辉煌顶峰,而由于此次入侵,它却在其历史中经受着彻底的破坏。"(谢和耐:《蒙元入侵前夜的中国日常生活》)

成吉思汗建立大蒙古国后,发挥游牧民族的优势,将蒙古人善于骑射和蒙古马长于远征结合一起,组建成能征善战的"蒙古铁骑"。公元1219年,成吉思汗亲率二十万大军,携带大炮和火药开始西征中亚。蒙古铁骑长驱直入,越过高加索山脉,深入俄罗斯。成吉思汗去世后,其子窝阔台于公元1229年继承大汗位,派遣拔都和速不台率五十万大军再度西征,突入波兰,攻陷基辅,进入匈牙利,挺进欧洲腹地。公元1241年,窝阔台死后,内部纷争不停,蒙哥于公元1251年即大汗位。一支由其弟旭烈兀率领的军队再度西征,消灭木剌夷,攻陷巴格达,占领大马士革。蒙古铁骑西征后,形成了四个汗国:钦察汗国、伊利汗国、察合台汗国和窝阔台汗国。这些汗国虽然名义上是元朝的宗藩之国,但实际上是独立的国家。

蒙古的西征是世界历史上重大的历史事件,给被征服地区带来了深重的灾难。俄罗斯传教士曾在给罗马教皇的信札中称"上帝的部队劫掠了我们的城市,杀了我们数千人,然后向着东方消失了"。同时,蒙古帝国的西征又对东西方文化的交流产生了重大影响,英国史学家韦尔斯说,蒙古征服显然是人类全部历史中最引人注目的事件之一。西征在传播并扩大人们的思想,以及激发他

们想象力方面的作用是巨大的。在这一段时间，整个亚洲与西欧可以自由交往，条条道路都开通了，每个国家的代表都出现于哈勒和林宫廷中。罗马教皇，印度佛教僧侣，波斯、意大利、拜占庭和亚美尼亚的商贾，还有阿拉伯官吏，以及波斯、印度的天文学者和数学家都纷至沓来，云集于蒙古朝廷。学者也强调蒙古的西征，"其推进的经济贸易市场空前繁荣，其倡导的文化交流空前活跃，其允许的宗教并存空前宽容，使得原先或因封建割据而无法往来，或因战乱不止而难以相通，或因宗教信仰不同而相互敌视，或因文化语言隔膜而互不知晓的民族有了接触和影响的机会。这种密切的接触和影响，使东方开始了解西方，西方也开始知道东方，于是人们终于懂得了'世界'这个概念，近代文明由此展露出它最初的曙光，人类的历史进入了一个崭新的阶段"（陈西进：《蒙元王朝征战录》）。

蒙古时期，阿拉伯地区的天文、数学、医药、建筑、艺术等传入中国，中国的历史、算数、制图、医学和艺术等成就也通过阿拉伯人广泛地传播到西方。法国学者雷纳·格鲁塞认为："从蒙古人传播文化这一点说，差不多和罗马人传播文化一样有益。对于世界的贡献，只有好望角的发现和美洲

的发现,才能在这一点上与之比拟。"(勒内·格鲁
塞:《蒙古帝国史》)印刷术、火药和指南针传入欧
洲,深刻地改变了世界历史。培根曾说:"这三种
东西曾改变了整个世界的面貌和状态,第一种在
文学方面,第二种在战争上,第三种在航海上。由
此又产生了无数的变化,这种变化是如此之大,以
至没有一个帝国,没有一个教派,没有一个赫赫有
名的人物比这三种机械发明在人类的事业中产生
更大的力量和影响。"(培根:《新工具》)

4.4 疯狂杀戮:欧洲十字军东征

中世纪以来,伊斯兰教与基督教冲突不断。
公元 11 世纪末,突厥人进攻君士坦丁堡,拜占庭
皇帝阿历克塞向罗马教皇请求援助。罗马教皇打
着消灭"圣战"的名义,组织十字军东征。这是一
场宗教性军事行动,是由罗马教皇和封建领主发
动并由骑士、农民、小手工业者参与的战争。西方
学者指出:"十字军远征聚合了当时的三大时代热
潮:宗教、战争和贪欲。"(朱迪斯·M. 本内特、C.
沃佑·霍利斯特:《欧洲中世纪史》)

这场战争历时两百多年。公元 1096—1099
年为十字军第一次东征。十字军在君士坦丁堡会
师后,兵分四路,经小亚细亚攻打耶路撒冷。公元

1099 年十字军攻陷耶路撒冷,大肆屠杀穆斯林,建立耶路撒冷王国,同时组建圣殿、条顿和圣约翰三大骑士团以镇压当地民众。公元 1147—1149 年为十字军第二次东征。公元 1144 年,塞尔柱人摩苏尔总督赞吉攻占埃德萨,耶路撒冷国王向法国国王路易七世和德国国王康拉德三世求援。德、法两国国王决定派十字军远征,结果德军在小亚细亚战败,法军在大马士革战败。公元 1189—1192 年为十字军第三次东征。公元 1187 年,埃及国王萨拉丁率军在哈丁之战大败十字军,占领耶路撒冷。英、法、德国王组建十字军进行东征,但三国君王各怀鬼胎,德国国王在进军途中被淹死,法国国王因国内纠纷而返回,英国国王孤军奋战,于公元 1192 年与埃及国王签署和约。公元 1202—1204 年为十字军第四次东征。在罗马教皇英诺森三世的授意下,法、德、意十字军进行东征,名为进攻埃及,实则攻打拜占庭。公元 1204 年,十字军洗劫君士坦丁堡,成立“拉丁帝国”。公元 1217—1221 年为十字军第五次东征。罗马教皇英诺森三世试图组建一支十字军攻打埃及进而夺取耶路撒冷。由奥地利公爵、匈牙利国王率领的十字军远征埃及,遭到埃及的顽强抵抗而被迫撤退。公元 1228—1229 年为十字军第六次东征。

由德国国王腓特烈二世发动,十字军重新夺回了耶路撒冷。公元 1248—1254 年为十字军第七次东征。由法国国王路易九世发起,十字军远征埃及,进攻开罗失败,路易九世被俘,后被赎回。公元 1270 年为十字军第八次东征。法国国王路易九世为了洗刷被俘之辱,发动十字军东征突尼斯,结果伤亡惨重,自己也染疫身亡。公元 1291 年,埃及攻占耶路撒冷王国最后一个据点阿克城,十字军东征以失败告终。

十字军东征,烧杀抢掠屠城,其罪恶暴行使得教会威望扫地,但增进了东西方之间联系,促进了商贸发展,孕育了西方文艺复兴。欧洲人在远征过程中发现了在欧洲已经消失但在当地仍然残存的古希腊文化,遂将这些带回欧洲,进而孕育了文艺复兴。

4.5 冲突融合:元朝与世界

4.5.1 欧洲

蒙古铁骑横扫欧洲,俄罗斯、波兰、匈牙利等国遭受了铁骑的蹂躏。马修·帕里斯写道:"像成群的蝗虫扑向地面,他们彻底劫掠了欧洲东部;焚烧与屠杀使这里变成一片废墟。……他们闪电般地攻入基督教世界,烧杀抢掠,使每个人胆战心

惊,无比恐惧。"在欧洲人眼中,蒙古人如同魔鬼般可怕,"他们野蛮残忍,与其说是人,不如说是鬼;他们酷爱喝血,撕吞狗肉人肉,身穿牛皮,手持铁盾;他们身材矮胖,体格健壮,不屈不挠,战无不胜;他们的背后毫无遮盖,胸前披挂铠甲;他们非常喜欢喝纯羊血,骑高大健壮的马"(斯塔夫·阿里诺斯:《全球通史》)。蒙古西征使得西方人直接感知到一个强大的和人口数量众多的东方大国。

蒙古统治者对各种宗教采取兼收并蓄的政策,教廷和欧洲各基督教国家出于自身的利益考虑,急于和东方建立联系,并借此传教。因此,罗马教廷多次派教士出使东方。公元 1245 年,罗马教皇派意大利方济各会士柏郎嘉宾等三人前往大蒙古国,受到贵由汗朝廷的接见。公元 1247 年,教皇又派由 4 名多明我会士组成的使团前往大蒙古国,遭到蒙古将军的冷遇。公元 1249 年,法王路易九世派多明我会士安德烈带领使团前往大蒙古国,被视作朝贡使团。公元 1253 年,法国方济各会士鲁布鲁克前往大蒙古国,无功而返。公元 1289 年,罗马教皇派意大利方济各会士约翰·孟德高维诺前往元朝,公元 1294 年抵达大都,并在北京创立了第一个天主教传教区。

马可·波罗出生在意大利威尼斯的一户富商

人家。公元 1275 年,他随父亲来到中国,受到忽必烈的欢迎和重用。他曾在元朝任枢密副使等职,游历过今内蒙古、山西、陕西、四川、云南、山东、江苏、浙江、福建及北京等地,还出使越南、缅甸等国。公元 1295 年,马可·波罗回到故乡,将其经历写成《东方闻见录》(俗称《马可·波罗游记》)。《马可·波罗游记》刺激了人们的冒险探究心理,勾起了西方对东方的好奇,催生了近代地理大发现。因此,西方学者莫里斯·科利斯认为《马可·波罗游记》不仅仅是一本简单的游记,还是人类史上一部启蒙式作品。

4.5.2 亚洲、非洲

4.5.2.1 高丽

公元 918 年,新罗将领王建建立高丽王国,并于公元 935 年灭新罗,后又灭百济,统一朝鲜半岛。

公元 1216 年,契丹部叛军进入高丽。公元 1219 年,成吉思汗发兵高丽,打败契丹军,高丽国王"奉牛、酒出迎王师",并与蒙古约为兄弟之国,每年遣使朝贡。元世祖忽必烈在与日本的国书中说:"高丽,朕之东藩也⋯⋯朕即位之初,以高丽无辜之民久瘁锋镝,即令罢兵还其疆域,反其旄倪。高丽君臣感戴来朝,义虽君臣,欢若父子。"(《元

史·外夷一》)这样,高丽成了蒙古的藩属。公元
1224 年,蒙古使者在前往高丽途中被强盗杀害,
双方因猜忌而中断信使往来七年。公元 1231 年,
窝阔台派遣大军征伐高丽,占领城池,并在京、府、
县设"达鲁花赤"(蒙古语"镇守者"),对高丽实行
直接控制。高丽国王被迫求和,次年杀"达鲁花
赤",逃亡到海岛。元太宗指斥高丽国王背负五道
罪,一为平契丹后不派人入朝觐见,二为上国皇帝
的训示不听从,三为杀害使节嫁祸他人,四为抗拒
上国皇帝的谕令,五为不守规矩妄奏,令其亲临谢
罪。然而,高丽国王或遣使奉表朝贡,或选族子充
作人质,始终不愿亲自来华请罪。窝阔台去世后,
高丽趁机中断朝贡。公元 1247—1258 年蒙古四
次派兵攻打高丽,占领四座城池。公元 1259 年,
高丽国王被迫臣服。

公元 1260 年,元世祖忽必烈即位,适逢高丽
国国王高宗去世,忽必烈遣人护送在元充当人质
的王倎回国继承王位,并赦免高丽国内反叛者,主
动修正与高丽的关系。他在谕旨中说,当今"普天
之下未臣服者,惟尔国与宋耳",希望王倎"完复旧
疆,安尔田畴,保尔室家",并强调"卖刀剑而买牛
犊,舍干戈而操耒耜,凡可援济,毋惮勤劳。苟富
庶之有征,冀礼义之可复,亟正疆界,以定民心,我

师不复踰限矣","或有首谋内乱,旅拒王师,已降附而还叛,因仇雠而擅杀,无所归而背主亡命,不得已而随众胁从",罪无轻重一律赦免。(《元史·外夷一》)元世祖还同意王佺迁都平壤之请求,禁止蒙古军马侵扰民众,放还被虏及出逃之民。这样,高丽自称臣属,尊奉元朝为上国,派遣使节,定期入贡,两国宗藩关系确立。公元 1274 年,高丽国王元宗去世,其子忠烈王继位。元朝不允许高丽国王及太子自称陛下、太子,庙号称宗,只可称殿下、世子,庙号称王。高丽遂被元朝全面控制。

元朝时期,中朝之间经济文化交流密切。公元 1289 年,高丽士人安珦从中国带回《朱子全书》等典籍,并在朝鲜太学讲朱子理学,使得程朱理学在高丽广为传播。《农桑辑要》《授时历》等著作传入朝鲜半岛,棉花种植技术也流入朝鲜半岛,从而推动了朝鲜半岛的社会进步。

4.5.2.2 日本

公元 1265 年,元世祖"以高丽人赵彝等言日本国可通,择可奉使者",于公元 1266 年授予兵部侍郎黑的虎符并任命其为国信使,授予礼部侍郎殷弘金符并任命其为国信副使,持国书出使日本。元世祖在国书中说:"我祖宗,受天明命,奄有区

夏,遐方异域畏威怀德者,不可悉数。"日本却"无
一乘之使以通和好。尚恐王国知之未审,故特遣
使持书,布告朕志,冀自今以往,通问结好,以相亲
睦"(《元史·外夷一》)。黑的等人取道高丽前往
日本,途中遇到暴风,未到日本便返回。此后,元
朝多次试图与日本交好。公元1267年,元世祖把
与日本交好一事托交高丽国王,"以必得其要领为
期"。高丽王遣其起居舍人潘阜等前往日本,滞留
六个月,不得其要领而归。

公元1268年,元世祖再次派遣黑的、殷弘出
使日本,"至对马岛,日本人拒而不纳"。公元
1269年,元世祖又派秘书监赵良弼出使日本,并
在国书中以威胁口吻道:"如即发使与之偕来,亲
仁善邻,国之美事。其或犹豫以至用兵,夫谁所乐
为也,王其审图之。"公元1271年,赵良弼历经艰
难抵达日本,日本国王派遣弥四郎来华朝觐,元世
祖设宴款待。公元1273年,赵良弼再次出使日
本,只有太宰府(日本古时治理九州地方的部门)
出面接待,悻悻而返。

日本对元朝态度冷淡令元世祖大为恼火。蒙
古"祖宗立法,凡不庭之国,先遣使招谕,来则按堵
如故,否则必致征讨"(《元史·外夷三》)。元世祖
准备借此讨伐日本。赵良弼直言道:"臣居日本岁

余,睹其民俗,狠勇嗜杀,不知有父子之亲、上下之礼。其地多山水,无耕桑之利,得其人不可役,得其地不加富。况舟师渡海,海风无期,祸害莫测。是谓以有用之民力,填无穷之巨壑也,臣谓勿击便。"(《元史·赵良弼传》)然而,元世祖置若罔闻,一意孤行,于公元1274年派九百艘船只、一万五千名将士东征日本,后遭遇飓风,失败而还。时为日本龟山天皇文永十一年,故在日本历史上称为"文永之役"。公元1280年,日本杀元朝使节杜世忠等,次年元朝派十万大军征讨日本,后又遇暴风,一败涂地。时为日本宇多天皇弘安四年,故在日本历史上称为"弘安之役"。这两场战争使得"终元之世,(日)使竟不至"(薛俊:《日本国考略》)。

尽管元代中日交恶,但双方贸易往来仍十分火热。此外,中日僧人来往频繁。公元1299年,元朝派妙慈弘济大师出使日本,日本僧人也不断来中国。

4.5.2.3 安南

安南为越南古名,或称交趾之地,"地广人稠,气候常热。田多沃饶,俗尚礼义,有中国之风。……地产沙金、白银、铜、锡、铅、象牙、翠毛、肉桂、槟榔"(汪大渊:《岛夷志略》)。公元1255年越南李

朝灭亡,陈朝建立。公元 1257 年,蒙古派出使节前往越南劝说陈朝归附蒙古,陈太宗断然拒绝并扣留使节。蒙古将领兀良合分兵两路,进犯越南,大败越军。越南陈朝国王派人与蒙古媾和,定下三年一贡之惯例,蒙古也派人与越南陈朝交好。公元 1284 年,元世祖派兵进攻越南,占领首都升龙,越南被迫投降。公元 1288 年,越南国王派使节前往元朝进贡。公元 1262—1334 年,越南陈朝向元朝进贡 47 次,所贡方物包括驯象、白猿、绿鸠、金瓶、玉杯等,元朝则赐予越南陈朝玉带、锦帛、鞍绺、金币等。

元朝,中国的火药、印刷术和指南针传入越南,《授时历》由使节带入越南,针灸和制瓷术也流入越南,推动了越南社会进步。越南则学习元朝举行科举考试,借用汉字创造喃字,模仿《史记》编写《大越史记》等,密切了中越关系。

4.5.2.4 占城

占城在安南之南,物产丰盈,“地产红柴、茄蓝木、打布”。元世祖将领马成旺曾表示愿率兵三千人、马三百匹远征占城。公元 1278 年,元将唆都遣人至占城告知宋灭之消息,使臣返回后告知其国王愿意内附,元世祖遂诏降虎符,授荣禄大夫,封占城郡王。公元 1279 年,元世祖遣兵部侍郎教

化的与唆都等出使占城,令其朝贡。公元 1280
年,占城国王遣使贡方物,表示归降之意。公元
1283 年,元朝以占城国内朝贡时称臣属为由令唆
都在占城设行省。占城王子不满于元朝的蛮横统
治,扣留了途经其地出使暹国和派往马八儿国的
使臣。忽必烈大为恼怒,下诏说:"老王无罪,逆命
者乃其子与一蛮人耳。苟获此两人,当依曹彬故
事①,百姓不戮一人。"元军兵临城下,占城兵民英
勇抵抗,国王兵败逃往山林。元军多次要求国王
投降,但占城国王避而不见,厚集兵力,负隅顽抗。
次年,占城国王投降。

4.5.2.5 爪哇

爪哇古称"阇婆国",宫室壮丽,地广人稠,实
甲东洋诸番。旧传国王系雷震石中而出,令女子
为酋以长之。其田膏沃,地乎衍,谷米富饶,倍于
他国。(汪大渊:《岛夷志略》)元世祖觉得"抚有四
夷,其出师海外诸蕃者,唯爪哇之役为大"。公元
1279 年,元朝派赵玉山出使爪哇,次年爪哇国王
遣使入元通好。元世祖一再谕令爪哇国王亲自来
朝觐,皆被其推脱。元世祖心生不满,有意征讨。

---

① 北宋将领曹彬奉命攻打江南时不许部下杀人
劫掠。

因爪哇将元朝使臣孟琪黥面①送还,忽必烈以此为借口发兵征讨。公元 1293 年初,元朝二万大军、上千船只启程,直扑爪哇。国王急忙求和,元军提出议和条件,即"纳贡税,立衙门,振纲纪,设铺兵,……守常刑,重盐法,使铜钱"(汪大渊:《岛夷志略》)。其时,爪哇内乱,国王向元军求援,内乱平息后,国王中途叛变,起兵攻元。元军战败,登舟逃回。

此外,元朝与亚洲、非洲的其他国家也多有往来。公元 1296 年元朝使臣周达观出访真腊(今柬埔寨),其所著的《真腊风土纪》介绍了柬埔寨的风土人情。元代旅行家汪大渊所著的《岛夷志略》记载了层摇罗国(今坦桑尼亚)的基本情况。尼泊尔阿尼哥长期生活在中国并成为著名雕塑家。波斯天文学家扎马剌丁把波斯的天文仪器、《万年历》等带入中国,后执掌回回司天监。阿拉伯建筑师亦黑迭儿与其子马合马沙皆曾参与元大都的建设。值得一提的是,黑迭儿采用阿拉伯的技术修建北海琼华岛。公元 1346 年,摩洛哥伊本·白图泰乘船来中国,游历广州、杭州和大都,所著游记介绍了元代的风俗等。

---

① 黥面指在脸上刺字并涂上墨。

5 明清时期的中国与世界

5.1 恣意的明朝

公元 1368 年，乞丐出身的朱元璋打败元朝，建元洪武，定都南京，国号大明，一个横跨欧亚大陆的元朝被推翻了。蒙古"来中国，特惊羡其民物财富之殷阜，而并不重视其文治。……蒙古人既看不起汉人、南人，因此也不能好好地任用汉人、南人，而只用了他们中间的坏劣分子。要之，他们欠缺了一种合理的政治理想，他们并不知所谓政治的责任，因此亦无所谓政治的事业。他们的政治，举要言之，只有两项：一是防制反动，二是征敛赋税"（钱穆：《国史大纲》）。

5.1.1 君主独裁

明朝建立后，朱元璋以图谋造反的罪名下令处死丞相胡惟庸，宣布废除中书省，从此废除宰相

之职。这样,绝对君主独裁的局面形成,"能事我者我贤之,不能事我者我否之"(黄宗羲:《明夷待访录》)。于是,"中国传统政治,到明代有一大改变,即是宰相之废止"(钱穆:《中国历代政治得失》)。黄宗羲也说:"有明之无善治,自高皇帝罢丞相始也。"(黄宗羲:《明夷待访录》)

为了加强中央集权,明初,朱元璋制造了"胡惟庸案"①和"蓝玉案"②,株连五万余人。此外还有"空印案"③和"郭恒案"④,牵连大批官员。胡惟庸案解除了相权对皇权的威胁,蓝玉案解除了将权对皇权的威胁,巩固了专制独裁。朱元璋通过大肆杀戮功臣,为子孙后代继位扫清了障碍。除了加强对文臣武将的防范之外,朱元璋还重视对太监和内宫的管制,防止太监干政和外戚专权。

---

①　洪武十三年(1380)明太祖朱元璋以宰相胡惟庸"谋不轨",株连九族,牵及无辜,诛杀三万余人。

②　洪武二十六年(1393)明太祖朱元璋借口凉国公蓝玉谋反,株连杀戮文官武将两万多人。

③　洪武十五年(1382)明太祖朱元璋严惩地方官吏预持空白官印账册至户部结算钱谷,数千人被杀。

④　户部侍郎郭恒与中央六部及地方官员相勾结,侵吞税粮,寄存各地。洪武十八年(1385)被人告发,明太祖将六部侍郎以下数百人处死,地方官员被牵连而死者数万人。

这样,君主专制统治在明代发展到登峰造极的地步。

5.1.2 靖难之役

朱元璋称帝后曾说:"天下之大,必建藩屏,上卫国家,下安生民。今诸子既长,宜各有爵封,分镇诸国。"(《明太祖实录》卷五一)遂把儿孙分封到各地做藩王。诸王统率军队,分驻要塞,少则三千,多则两万人,造成了尾大不掉的隐患。大学士解缙直言:"分封势重,万一不幸,必有厉长、吴濞之虞①。"(《明史》卷一四七)

公元1398年,朱元璋去世,因太子朱标早逝,由孙子朱允炆(朱标次子)继位,是为建文帝。建文帝登基后,担忧藩王势力过大难以驾驭,便着手削藩,剥夺了开封周王、青州齐王、大同代王、荆州湘王和云南岷王的爵位。建文帝还派人监视燕王朱棣,包围燕王府,准备抓捕朱棣。公元1399年,燕王朱棣铤而走险,以"除君侧之奸、靖帝室之难"为由,起兵造反,史称"靖难之役"。历经三年鏖战,朱棣攻陷南京,谒孝陵,即皇位,是为明太宗

---

① 厉长指汉高祖刘邦的少子、淮南厉王刘长,曾联络匈奴、闽越首领,图谋叛乱;吴濞指汉高祖刘邦的侄子、吴王刘濞,曾发动七国之乱。

（后改为明成祖）。① 明成祖夺权后，设立东厂，倚重宦官，迁都北京。

"靖难之役"是明朝历史上影响深远的一次政权争夺战，不仅改变了明朝皇位的归属，还影响了以后两百多年明朝政治的走向。

5.1.3 郑和下西洋

明初，朱元璋担心流亡海外的方国珍、张士诚旧部与内地反抗势力相结合，危害大明王朝的统治，实施严厉的海禁政策，禁止民众出海与外国人交易。明成祖即位后，放宽海禁政策，重开广州、泉州和宁波三个贸易口岸，并派郑和下西洋。

郑和，本姓马，小名三保，回族人。后入宫为太监，朱棣赐其郑姓，更名郑和。史载，郑和"丰躯伟貌，博辨机敏，有智略，习兵法"，深得朱棣的信任。从永乐三年（1405）到宣德八年（1433），郑和率庞大的船队七下西洋②，访问了东南亚、印度洋、阿拉伯和东非等地区的国家。柏杨认为，郑和下西洋"跟公元2世纪张骞出使西域一样，都是为中国

---

① 有关建文帝的下落，目前主要有"自焚说"、"南洋说"和"削发为僧说"。

② 明张燮在《东西洋考》中云："文莱，即婆罗国，东洋尽处，西洋所自起也。"此处西洋指文莱以西的东南亚和印度洋沿岸地区。

凿开了一个过去很少知道的混沌而广大的天地"。（于海英等：《名家眼中的100位中国历史名人》）

郑和下西洋，人数众多，队伍庞大。据载，郑和第一次下西洋带有27800余人，"宝船"62艘，其中大者长44丈（126米），宽18丈（51米），九桅十二帆，排水量约17708吨，载重量8500吨以上，其"体势巍然，巨无与敌，蓬帆锚舵，非二三百人莫能举动"。郑和座船"每船有四层甲板，满载士卒，马匹蓄之底层，舱室客厅设之高处，华丽舒适"。与之相对照，公元1492年，前往美洲新大陆的哥伦布船队只有3条帆船，共有船员88人，旗舰"圣马利亚"号宽仅8米，长仅38米，排水量仅250吨。1497年葡萄牙人达·伽马远航印度的舰队有4条帆船，其中最大的旗舰长度近25米，载重约120吨；另3条帆船载重分别为200吨、100吨和50吨，共有船员约160名。公元1519年，麦哲伦环球航海时，率领265名船员，分乘5艘帆船，其中130吨2只、90吨2只和60吨1只。（斯塔夫阿里诺斯：《全球通史》）

关于郑和为何下西洋，学界众说纷纭。流传最广的是《明史·郑和传》中所云："成祖疑惠帝亡海外，欲踪迹之，且欲耀兵异域，示中国富强。"传说建文帝在靖难之役中逃往海外，夺取皇位的明

成祖朱棣惴惴不安,派人四处寻找建文帝的下落。客观地说,在前期,郑和下西洋重心在南洋一带,试图树立明朝在南亚和东南亚国家中的威信并扫清海外反明的势力;在后期,郑和下西洋转向南亚以西,旨在探索未知世界并开辟新航路。另外,郑和下西洋有政治目的,明成祖说:"敷宣教化于海外诸番国,导以礼仪,变其夷习。"明宣宗也说:"抚辑人民,以共享太平之福。"郑和则说:"宣德化而柔远人。"也有经济目的,开展官方贸易(为国家采购),进行私人交易(为个人购买),因"夷中百货,皆中国不可缺者,夷必欲售,中国必欲得之。"(郑一钧:《论郑和下西洋》)

郑和七次下西洋拉开了世界大航海和地理大发现的序幕。公元 1487 年,葡萄牙人迪亚士绕过好望角,进入印度洋。公元 1492 年,意大利人哥伦布横渡大西洋,发现了美洲大陆。公元 1519—1522 年,葡萄牙人麦哲伦绕过南美洲实现了环球航行。诚如学者所言:"郑和下西洋是世界早期全球化的尝试,对人类文明的发展和交流做出了不可磨灭的贡献。"(陈支平、万明:《明朝在中国历史上的地位》)

郑和下西洋促进了中国与西方各国的贸易往来。郑和使团出访带去了大批精致的手工艺品。

这些手工艺品深受西方各国民众的喜爱。占城对"中国的青瓷盘碗、纻丝、绫绢、烧珠等物甚爱之,则将淡金交易";爪哇"最喜中国青花瓷器,并麝香、销金纻丝、烧珠之类,则用铜锡买易";锡兰对"中国麝香、纻丝、色绢、青瓷盘碗、铜钱、樟脑甚喜,则将宝石珍珠交易";祖法儿"将乳香、血竭、芦荟、没药、安息香、苏合油、木别子之类来换易纻丝、瓷器等物"。

郑和下西洋加深了中国与西方各国的友好关系。当时西方国家常有海盗出没,郑和下西洋,剿灭各地海盗,维护海上安全,推进了中外交流。从永乐元年(1403)至二十二年(1424),占城使节来华 18 次,满剌加使节来华 15 次,苏门答腊使节来华 13 次,爪哇使节来华 15 次,文莱使节来华 85 次。(陈支平、万明:《明朝在中国历史上的地位》)虽然郑和七次下西洋得到的宝物不计其数,但是朝廷为此耗费的财物也不可胜计。郑和下西洋,在政治上主要稳定了与亚非国家间的和平局势,提高了中国在国际上的威望;在经济上发展了亚非诸国间的国际贸易,促进了"海上丝绸之路"的繁荣发展";在文化上向亚非各国敷宣了中国的教化,增进了中国人民对亚非国家的认识和了解。(郑一钧:《论郑和下西洋》)

5.1.4　倭寇肆虐

倭是中国古代对日本的通称。《旧唐书·东夷传》载:"日本国者,倭国之别种也。以其国在日边,故以日本为名。或曰:倭国自恶其名不雅,改为日本。"元末明初,日本南北朝时期经历了五十年战乱,地方割据势力——守护大名趁乱组织武士、浪人和商人,结成武装集团,骚扰、劫掠中国沿海地区,被称作"倭寇"。倭寇在中国沿海地区形踪不定,杀伤民众,抢劫货物,危害深重。

朱元璋登基后多次遣使前往日本,要求禁止倭寇侵华。因日本各地遭受大名割据,无法制约倭寇侵袭。朱元璋一方面厉行海禁政策,中断与日本的通商;另一方面在各地设立卫所,派兵防守。公元 1401 年,日本遣使来贡,中日之间恢复了传统邦交关系,但倭寇侵扰仍无休止。

明初,倭寇势力兴起,入侵频繁。从洪武元年(1368)到洪武三十一年(1398),倭寇入侵 44 次;从永乐元年(1403)到宣德十年(1435),倭寇入侵 34 次;从正统元年(1436)到正德十六年(1521),倭寇入侵 22 次。明末,倭寇势力衰退。从隆庆元年(1567)到万历十九年(1591),倭寇入侵 20 次,其中隆庆年间 11 次,万历年间 9 次。从万历二十六年（1598）到崇祯十年（1637），倭寇入侵 9 次。
（范中义等：《明代倭寇史略》）

嘉靖年间，倭寇猖獗，史称"嘉靖大倭寇"。日
本进入长达百年的"战国时代"，大名为了对抗幕
府，扩大武士队伍，急需金钱和物资，遂积极支持
海盗劫掠。明中叶，政治腐败，海防废弛，海盗与
倭寇合流，如闽人李光头、皖人汪直、徐海等，形成
了亦商亦盗的海盗集团。时人唐枢指出嘉靖年间
倭寇猖獗的内因："嘉靖六七年后，守臣奉公严禁，
商道不通，商人失其生理，于是转而为寇。嘉靖二
十年后，海禁愈严，贼伙愈盛。"并指出，倭寇其实
都是中国百姓，"壬子之寇，海商之为寇也；癸丑之
寇，各业益之为寇也；甲寅之寇，沙上黠夫、云间之
良户复益而寇也；乙卯之寇，则重有异方之集矣"
（《明经世文编》卷二七〇）。万历时期，谢杰也说：
"寇与商同是人，市通则寇转商，市禁则商转寇。"
（谢杰：《虔台倭纂》）因此，一些学者认为戚继光、俞
大猷平倭寇并非一场抵御外患的战争而是一场平
定内乱的战争。（樊树志：《"倭寇"新论》）

5.1.5　耶稣会士来华

公元 16 世纪初，随着新航路的开辟，西方殖
民者纷纷入侵美洲和亚洲。明嘉靖年间，葡萄牙、

西班牙、荷兰殖民者占据澳门和台湾。马丁·路德宗教改革后，公元1543年，西班牙传教士罗耀拉组织耶稣会，以抗衡新教，并向东方传教，借此扩大影响。幅员辽阔、人口众多的中国成为耶稣会关注的目标。随着海上航路的开通，大批耶稣会士来到中国。据统计，明末来到中国的耶稣会士有70人左右。公元1552年，西班牙传教士沙勿略登陆广东被拒。意大利传教士利玛窦来到中国，开启了基督教士在华传教的大门。

利玛窦出生在意大利罗马，自幼接受法律、天文、算学、地理的熏陶，具有教士的虔诚和学者的渊博。公元1582年，利玛窦抵达澳门，次年来到肇庆。在官方的允许下，他修建了第一座天主教堂——仙花寺。后来，利玛窦赴南昌、南京和北京等地传教，结识了不少士人和官员，并苦读中国历史和儒家经典，声名大噪。公元1601年，利玛窦受到万历皇帝的召见。从此，利玛窦在中国的传教事业获得了快速发展。一方面，大批信徒接受洗礼，包括皇族成员、达官贵人等。据统计，公元1586年中国天主教徒有40人，公元1589年有80人，公元1596年有百余人，公元1603年有500多人，公元1608年有2000人，公元1610年有2500人，公元1636年，中国天主教徒已达3.85万人，其中亲王 140 人、皇族 40 人、皇族命妇 80 人。（沈福伟：《中西文化交流史》）另一方面，大批传教士来华传教，其中一些人在数学、地理、天文等方面造诣颇深，如罗雅各、熊三拔、邓玉函、庞迪我、金尼阁、汤若望、南怀仁等。

利玛窦等人在华采取学术传教的方式，传播各种科技知识，"以学术收揽人心"。如，数学有利玛窦的《几何原本》《圜容较义》《测量法义》《同文算指》等，天文学有利玛窦的《乾坤体义》，地理学有艾儒略的《职方外纪》，物理学有邓玉函的《远西奇器图说》，语言学有利玛窦的《西字奇迹》和金尼阁的《西儒耳目资》等。这些著作所介绍的虽然不是当时西方最先进的科技知识，但在一定程度上填补了中国科技的空白，进而刺激了士大夫的求知欲望。如徐光启"从利玛窦学天文、历算、火器，尽其术。遂遍习兵机、屯田、盐策、水利诸书"（《明史·徐光启传》）。于是，明末社会出现了一股追求新知识的潮流，产生了一次小型的"科技革命"。如徐光启撰写《日躔历指》一卷、《测天约说》二卷、《大测》二卷、《日躔表》二卷、《割圆八线表》六卷、《黄道升度》七卷、《黄赤距度表》一卷、《通率表》一卷。

5.2 自制的清朝

清朝是由满族建立的。明朝后期,建州女真融合女真其他部落形成满族。公元 1616 年,努尔哈赤统一女真各部后,建立后金,创建八旗。公元 1636 年,皇太极称帝,改国号为大清,史称清朝。公元 1643 年,皇太极去世,福临继位,即为顺治帝。

钱穆在《中国历代政治得失》中概述了清朝的特征:清代,可说全没有制度。它所有的制度,都是根据明代,而在明代的制度里,再加上他们许多的私心。这种私心,可说是一种"部族政权"的私心。

5.2.1 清军入主中原

公元 1644 年,李自成率农民起义军攻占北京。后吴三桂投降清朝政府,清兵遂挥师入关,入主中原。

清军打着为明朝"复君父之仇"的旗号闯入中原大地。范文程在为清军入关起草的檄文中说:"义师为尔复君父仇,非杀尔百姓,今所诛者唯闯贼。"清廷还诏告天下,清军入关"非有天下之心,实为救中国之计"(常建华:《清史十二讲》)。

公元 1645 年,清军南下围攻扬州,史可法率领军民英勇抵抗。经过七天七夜的激战,扬州城被清军攻陷。清军统帅多铎以不听招降为名下令屠城,扬州顿时陷入血雨腥风中。时人王秀楚在《扬州十日记》中载:"一卒提刀前导,一卒横槊后逐,一卒居中,或左或右以防逃逸。数十人如驱犬羊,稍不前,即加捶挞,或即杀之;诸妇女长索系颈,累累如贯珠,一步一蹶,遍身泥土;满地皆婴儿,或衬马蹄,或藉人足,肝脑涂地,泣声盈野。行过一沟一池,堆尸贮积,手足相枕,血入水碧赭,化为五色,塘为之平。"清军在扬州屠杀十天,八十万人被杀。

清朝政府发布剃发令,宣称"留头不留发,留发不留头",用暴力手段强迫汉人接受满人的习俗,借此打击汉人的民族情愫。身体发肤,受之父母,不可损伤,剃发不仅有违汉人传统,还被视为一种侮辱。公元 1645 年,嘉定民众奋起反抗,惨遭三次屠杀。"僵尸满街,血流漂杵",两万余人被杀,史称"嘉定三屠"。尔后,清朝消灭南明政权,平定三藩之乱,统一宝岛台湾,进入康乾盛世。

为什么清朝能以如此少的满族人口统治辽阔的中国呢?黄仁宇认为清朝确实能够填补中国的缺陷。以八旗代替卫所,节省了国防经费;满人文

化落后使得征服者容易接受被征服者的制度,被征服者只需接受征服者所制定的典章。所以,清朝的改革与整顿,在纪律与技术上多,在组织和制度上少。(黄仁宇:《放宽历史的视野》)

5.2.2　康乾盛世

康乾盛世是中国封建王朝最后一次"回光返照",具体表现如下:其一,开疆拓土,疆域东至鄂霍次克海,西至巴尔克什湖,北至蒙古,南至南海。其二,人口剧增,康熙六十一年(1722)人口突破1亿,乾隆二十七年(1762)人口突增至2亿,乾隆五十五年(1790)人口超过3亿。其三,经济领先,公元18世纪末,中国国内生产总值占全世界的三分之一,中国制造业生产总值相当于英国的8倍。其四,财政充盈,康熙年间蠲免全国钱粮1亿多两,乾隆年间蠲免全国钱粮达1亿2000万两。

其实,康乾盛世背后隐藏着深刻的社会危机。唐甄曾在《潜书·存言》中这样描写当时的情景:"清兴,五十余年矣。四海之内,日益困穷,农空,工空,市空,仕空。谷贱而艰于食,布帛贱而艰于衣,舟转市集而货折赀,居官者去官而无以为家,是四空也。金钱,所以通有无也。中产之家,尝旬月不睹一金,不见缗钱。无以通之,故农民冻馁,

百货皆死,丰年如凶。良贾无算,行于都市,列肆
焜耀,冠服华胪;入其家室,朝则熄无烟,寒则蜷体
不申。吴中之民,多鬻男女于远方,男之美者为
优,恶者为奴;女之美者为妾,恶者为婢,遍满海内
矣。"(唐甄:《潜书·存言》)马戛尔尼来华,目中所
见,遍地都是惊人的贫困,人们衣衫褴褛甚至裸
体,军队像叫花子一样破破烂烂。

5.2.3 闭关锁国

历史上的中国是开放的、包容的。如,唐朝时
长安是一个常居人口超过百万的国际化大都市。
大批日本、韩国等东亚国家的学生、僧侣、使节前
来求学,西亚的波斯、阿拉伯乃至拜占庭的商人和
宗教人士也时常出没。唐太宗曾说:"自古皆贵中
华,贱夷狄,朕独爱之如一。"

为防止沿海反叛势力与倭寇私通,明洪武四
年(1371),朱元璋颁布禁海令,规定"片板不许入
海"。隆庆年间,明朝调整了政策,允许民间商人
赴海外通商。清初,郑成功固守台湾坚持抗清。
清政府颁布禁海令,"片板不许下水,粒货不许越
疆",在沿海地区实行海禁,并将沿海居民内迁 50
里,史称"迁界"。康熙二十二年(1683),清廷统一
台湾。次年,康熙下令开放海禁,允许商人出洋贸

易,指定广州、漳州、宁波、云台山四地为通商口岸。

公元 18 世纪 60 年代,英国发生工业革命,迫切需要开辟全新的商品市场和广阔的原料产地。乾隆五十七年(1792),英国国王乔治三世以向乾隆帝补祝八十寿辰为名,派遣马戛尔尼①使团访华,期望打开中国门户,开拓中国市场。清廷要求马戛尔尼像所有其他国家贡使那样行三跪九叩之礼,但马戛尔尼说只能像英国臣民给英国国王行礼那样行单膝跪地礼。礼仪之争令双方极为不快。马戛尔尼还向清政府提出允许英国商船在舟山、宁波、天津等处登岸贸易,允许英国商人按照从前俄罗斯商人在中国通商之例在北京设一货栈买卖货物,并在舟山附近划一小岛给英国人使用,以便停泊商船,存放货物等。(马戛尔尼:《1793乾隆英使觐见记》)乾隆皇帝说:"天朝物产丰盈,无所不有,原不借外夷货物以通有无。"断然拒绝了使团的无理要求。尽管乾隆帝最后接见了使团,也回赠了礼物,但令他们离开北京,航海回国。为此,英国使团随员安德逊说:"我们进入北京时

----

① 马戛尔尼出生于爱尔兰,曾任英国驻俄公使、爱尔兰事务大臣、西印度石榴岛和托贝哥岛总督、印度马德拉斯总督和孟加拉总督。

像乞丐;在那里居留时像囚犯;离开时则像小偷。"（阿兰·佩雷菲特:《停滞的帝国——两个世界的撞击》）

公元 1816 年,阿美士德①率使团出访中国,却因拒绝给皇帝下跪而被逐出中国。嘉庆皇帝为此发布谕旨,强调"乾隆五十七年尔使臣行礼,悉跪叩如仪,此次岂容改异",声称"天朝不宝远物,凡尔国奇巧之器,亦不视为珍异",只将贡品中地理图画像、山水人画像收下,赏赐英国国王白玉如意一柄、翡翠玉朝珠一盘、大荷包两对、小荷包八个,以示怀柔之意。阿美士德使团的失败标志着英国寻求通过外交渠道打开中国贸易大门、获取贸易特权的做法失败。

闭关锁国政策实质是自给自足的小农经济在对外政策上的具体体现。虽然它在一定时期内对西方殖民者入侵起到了一定的自卫作用,但不能削弱西方资本主义国家的力量,反而隔断了中外科技文化的交流,阻碍了生产力的发展和社会的进步,拉大了中国与西方的差距,造成近代中国被动挨打的局面,是一种消极落后的政策。

---

① 阿美士德出生于英格兰,曾任驻那不勒斯宫廷使节、印度总督。

5.2.4 清朝崩溃

清末，为了改变中英贸易的不平衡，英国商人偷偷把鸦片输入中国，从此一发不可收拾。公元1800年到1820年间，英国商人平均每年运往中国的鸦片为4500箱。而在公元1820年到1830年间，英国商人平均每年运往中国的鸦片则超过了10000箱。据考证，公元1800年到1839年间，英、法、美、葡、荷等对华走私鸦片638119箱，中国流失白银高达6亿两。（张海鹏：《中国近代通史》第二卷）

鸦片泛滥，腐蚀官兵，戕害民众，罪恶累累。林则徐上书道光帝，直言若不采取禁烟措施，"数十年之后，中原几无可以御敌之兵，且无可以充饷之银"。公元1839年，道光帝派林则徐前往广州禁烟。林则徐虎门销烟，严厉打击了鸦片走私的气焰。次年，英国派兵前往中国，挑起战争，史称鸦片战争。公元1842年，中英签订《南京条约》。尔后，法国、美国、葡萄牙、西班牙、荷兰、丹麦、德国等纷纷来华签订条约。割地赔款、五口通商、领事裁判权、片面最惠国待遇、协定关税等使得传统中国失去了独立和自主权，从此中国进入了半殖民地半封建社会。

鸦片战争失败后，中国社会内部各种矛盾被

激化,社会危机进一步加深。公元 1851 年,洪秀全在广西金田村发动起义,太平军长驱直入,攻占南京,定都天京(南京)。太平军北伐西征,撼动清朝统治,清朝岌岌可危。然而,在中外反动势力的联合绞杀下,太平天国运动以失败告终。为了拯救奄奄一息的清王朝,以曾国藩、左宗棠、李鸿章为首的洋务派,以"中体西用"为指导思想,创办了洋务企业,掀起了"洋务运动",开启了中国近代化的序幕,出现了"同治中兴"的局面。公元 1894 年爆发的甲午战争以北洋水师全军覆没告终,甲午战争的失败标志着洋务运动的失败。后来,李鸿章在致吴永的书札中道:"我办了一辈子的事,练兵也,海军也,都是纸糊的老虎,何尝能实在放手办理? 不过勉强涂饰,虚有其表,不揭破犹可敷衍一时。如一间破屋,由裱糊匠东补西贴,居然成一净室,虽明知为纸片糊裱,然究竟决不定里面是何等材料,既有小小风雨,打成几个窟窿,随时补葺,亦可支吾对付。乃必欲爽手扯破,又未预备何种修葺材料,何种改造方式,自然真相破露,不可收拾,但裱糊匠又何求能负其责?"(吴永:《庚子西狩丛谈》)这道出了洋务运动失败的根源。

甲午战败,瓜分豆剖,亡国灭种,迫在眉睫。康有为、梁启超等维新派在光绪帝的支持下,发起

变法运动,史称"戊戌变法"。这是一场挽救清王朝的改良运动。由于维新派缺乏经验,策略失误,保守派极力反对和慈禧太后发动政变,六君子喋血菜市口,"戊戌变法"失败。变法失败后,保守势力猖獗,改革步伐停滞,清朝从此走向了"维新变法的反动时期"。

随着列强殖民侵略的加深,传教士在华为非作歹,义和团运动在山东兴起并席卷华北大地,转战天津、北京,攻打使馆,砍杀洋人。清廷镇压不力,八国联军遂以保护使馆为借口出兵占领北京,慈禧太后和光绪皇帝仓皇出逃。公元 1901 年,《辛丑条约》签订,中国的国际地位和国家尊严跌至谷底,清廷也沦为"洋人的朝廷"。

公元 20 世纪初,中国内忧外患交织,中华民族到了生死存亡的紧要关头。清廷捡起被其否定的变法手段,实施"新政"。康有为、梁启超等试图通过和平请愿的方式,实现民主参政。孙中山等则主张采取革命,推翻清朝,建立共和国。然而,清廷"新政"不但没有缓和矛盾,消弭危机,反而诱发问题,激化矛盾。公元 1911 年,"皇族内阁"成立,"名为内阁,实为军机;名为立宪,实则为专制"。这样,清王朝失去了人心,也失掉了根基。公元 1911 年,武昌起义,清王朝土崩瓦解。

5.3　崛起的欧洲

欧洲走出中世纪黑暗时代,展开了全方位变革,并引领世界发展的趋势,进而成为全球发展的典范。

5.3.1　文艺复兴

文艺复兴是以意大利为中心并影响欧洲各国的一场由新兴资产阶级在文学、哲学、艺术和科学领域掀起的思想启蒙运动。所谓"复兴"并非指古希腊、罗马文化的简单复兴,而是人们从古希腊、罗马文化的简单复兴中得到启发,重新发现了人的崇高价值。因此,房龙在《宽容》中指出:"文艺复兴不是政治运动,也不是宗教运动。它是一种心灵状态。"

文艺复兴无疑与当时欧洲生产关系的变革和社会阶层的生成紧密联系。随着资本主义生产关系的出现,新兴资产阶级群体也由此生成。他们要求冲破封建制度的束缚,打烂落后神学的桎梏,自由地发展资本主义。于是,他们把斗争的矛头指向作为封建制度精神支柱和封建文化核心的教会与神学。因当时新兴资产阶级力量还很弱小,为了同强大的宗教势力和神学相抗衡,他们不得

不借助古典学术研究的方式,从古希腊、罗马文化中寻找反对教会和神学的武器,并从中汲取养料形成资产阶级新思想、新文化,从而出现了科学、文学、艺术的空前繁荣。

在意大利,文学方面有:但丁写了《神曲》,反对教皇独裁;彼特拉克写下《阿非利加》,讴歌人文主义;薄伽丘写出《十日谈》,批判宗教守旧思想。美术方面有:达·芬奇创作油画《蒙娜丽莎》,米开朗琪罗创作雕塑《大卫》,拉斐尔创作圣母画像。此外,西班牙作家塞万提斯、英国作家莎士比亚等也创作了不少作品。

文艺复兴的核心思想是人文主义。它主张一切以人文为本,反对神的权威,宣扬个性解放,追求人生幸福;弘扬自由平等,反对等级观念;崇尚理性,反对权威。

文艺复兴发现了人的伟大,肯定了人的价值,促使欧洲从"以神为中心"转向"以人为中心";唤醒了人们积极进取精神、创造精神及科学精神,从而为后来的思想解放运动和资产阶级革命奠定了基础。因此,文艺复兴是人类文明史上的一次伟大变革,是与中世纪的一场大决裂。

5.3.2　新航路的开辟

公元 1492 年,哥伦布带领 3 艘大帆船和 87

名水手向西航行,发现了美洲新大陆。公元 1497
年,达·伽马率领船队绕过好望角,完成了从欧洲
到东方的航行。公元 1519 年,麦哲伦率领 5 条大
帆船和 265 名水手出航,开始环游世界,史称"新
航路的开辟"。

　　新航路的开辟并非偶然的历史事件,而是当
时社会发展的必然产物。其一,"寻金热"是地理
大发现的经济根源。公元 15 世纪以后,西欧各国
资本主义生产关系的萌芽和商品经济的发展需要
更多的货币作为商品交换的工具。公元 15 世纪
中叶,西欧货币由银本位向金本位转变,黄金需求
量剧增,人们也更加渴求黄金。当时欧洲人在《马
可·波罗游记》的影响下热衷于赶赴东方国家实
现他们的"黄金梦"。恩格斯深刻地指出:"葡萄牙
人在非洲海岸、印度和整个远东寻找的是黄金;黄
金一词是驱使西班牙人横渡大西洋到美洲去的咒
语;黄金是白人刚踏上一个新发现的海岸时所要
的第一件东西。"这表明新航路的开辟是商品经济
发展的迫切需要和欧洲人对黄金贪婪追求的结
果。其二,扩张版图是地理大发现的政治动因。
公元 15 世纪,欧洲各国从领地制、分封制向中央
集权制转变。公元 1485 年,英国结束了长达 30
年的红白玫瑰战争,实现了国内和平与国家统一。

公元 1453 年,法国在百年战争中打败英国获得胜利,并在公元 15 世纪末实现了国家统一。公元15 世纪末,西班牙和葡萄牙都完成政治上的统一和中央集权的过程。统一的中央集权国家既有扩张势力、扩大版图、扩充臣民的内在冲动,又有整合和调配人力、物力、财力的先天优势。"专制王"为了发展贸易、改善经济状况和扩大版图,大力支持开辟新航路。其三,传播基督教义和文艺复兴时期的人文主义思潮是新航路开辟的宗教根源和思想根源。基督教认为,上帝创造了天地、万物和人类,凡有人类的地方都应有基督教,异教徒须皈依基督教,否则便应被基督教所奴役。基督教的理想成为其教徒探险、发现、扩张的催化剂,也成为探险者和征服者的精神支柱。哥伦布就自认为"他所做的一切都是上帝安排的"。当时社会流行的人文主义思潮激励了欧洲人的进取精神,鼓励他们向海外扩张,勇于挑战并征服自然,大胆追求财富并实现个人价值。其四,生产力的发展和科技的进步,使地理大发现具备了客观条件。地理大发现必须有一定的物质条件支撑方能实现。中国发明的罗盘经阿拉伯人传入欧洲,并在公元 14世纪被普遍使用,使船舶航行不会迷失方向。欧洲的造船技术当时有了很大进步,出现了新型多桅多帆、轻便快速的大船。此外,当时欧洲流行地圆学说,绘制地图的技术很先进。这些构成了开辟新航路的客观条件。(张箭:《地理大发现研究(15—17 世纪)》)

新航路的开辟产生了重要的历史影响。第一,新航路的开辟引发了"商业革命"。新航路开辟以后,世界上原来互相隔绝的地区相互沟通,世界各个地区之间的联系更加紧密。这样,世界市场逐渐形成并不断扩大,世界贸易的中心从地中海沿岸转移到大西洋沿岸。第二,新航路的开辟引起了"价格革命"。美洲的白银大量流入欧洲,造成欧洲物价上涨、货币贬值,出现了"价格革命"。公元 16 世纪,欧洲黄金的数量从 55 万千克增加到 119.2 万千克,白银从 700 万千克增加到 2140 万千克。公元 16 世纪末,西班牙的物价平均上涨 4.5 倍,谷物价格上涨 5 倍。"价格革命"加速了资本的原始积累和封建制的解体,提高了资产阶级的地位。第三,新航路的开辟创造了"共同市场"。世界由此开始打破了孤立封闭的状态,增强了内部各地的联系,逐渐向一体化发展。(张艳玲、隆仁主编:《世界通史》)

5.3.3 工业革命

工业革命发端于 18 世纪 60 年代的英格兰中

部地区,主要表现是大机器生产代替手工业,机器工厂代替手工工场。这次革命不仅使生产技术发生了重大变革,生产力大大提高,还使社会结构、生产关系发生了重大变化。

为什么工业革命会发生在英国呢?第一,君主立宪制的确立。英国资产阶级革命胜利后,通过了《权利法案》《王位继承法》等法律法规,明确大臣只对议会负责而不对国王负责,国王变成了"统而不治"的"虚君",政权完全落入以资产阶级和资产阶级化的新贵族为主的议会之手,这样,英国的君主立宪制最终确立。君主立宪制的建立和近代议会制度的确立成为英国发展资本主义和进行工业革命的制度保证。第二,资本原始积累的完成。英国通过"圈地运动"和海外殖民掠夺等方式,积累了巨额社会财富,完成了资本原始积累。如在征服爱尔兰过程中,英国夺取了超过700万亩的耕地和牧场。公元1757年到1812年间,英国东印度公司从印度掠夺了1亿英镑。据估计,在英国伊丽莎白女王统治时期,英国从海上掠夺财物的价值达1200万英镑。(高德步、王珏:《世界经济史》)第三,生产技术日趋成熟。公元18世纪,英国手工工场获得了大发展,技术分工更加精细,操作分成各种细节。这样就出现了适用于各种专门工作的细小而简单的生产工具,同时也出现了高度熟练的技术工人。此外,手工工场训练了大批有技术、有经验的工人,他们积累的生产经验也直接推动了各种机器的发明。第四,自然科学的进步。公元16世纪以前,欧洲受到宗教神学和经院哲学的影响,科学技术发展缓慢;公元16世纪以后,欧洲在文艺复兴运动的影响下,科学技术进步飞快。如波兰的天文学家尼古拉·哥白尼创立了"日心说",法国的数学家勒内·笛卡尔发明了解析几何,意大利的科学家伽里列奥·伽利略在动力学方面取得了重大突破,英国科学家艾萨克·牛顿提出了万有引力定律。自然科学成果为工业革命的爆发奠定了坚实的理论基础。(王铭、王薇:《英国工业革命的前提条件》)

工业革命首先出现在棉纺织领域,尔后扩张到交通运输、采矿冶金、通信联络等领域,产生了广泛而又深远的影响。其一,促进了生产力的发展。工业革命对社会的影响超过了政治革命,生产力的大发展出乎人们的意料。在纺织业中,公元19世纪20年代,机器纺纱的效率为手工纺纱效率的250倍。在冶金业中,公元1790年,英国生铁的产量为7万吨,公元1850年为229万吨。在交通方面,公元1860年,马车时速8千米,火车

时速 64 千米。其二,推动了生产方式的转变。工
业革命催生了劳动分工和劳动专业化,提高了劳
动生产效率,增强了劳动强度,延长了劳动时间,
并使劳动日益单一化,促使手工工场工业向工厂
工业转变。其三,造成了社会体系的变化。工业
革命带来城市化的发展,人口不断向城市转移,导
致人们的日常生活和思想观念发生了巨大变化,
这改变了传统的社会结构,孕育了资产阶级和无
产阶级。

5.3.4　启蒙运动

启蒙运动是继文艺复兴后又一次思想解放运
动,其核心思想是理性和理性主义。启蒙哲学家
把人的这种自主认知世界的能力称为"理性",把
相信自己及自己的认识能力的这种心态或精神称
为"理性主义"。(何平、曾祥裕:《从概念史的角度
看启蒙运动》)

启蒙运动的出现,首先是资产阶级反对封建
专制的时代需要。随着资本主义的发展,封建专
制制度的阻碍越来越明显,不断壮大的资产阶级
迫切要求结束旧制度,这必须从思想上做好革命
的准备。其次是公元 17 世纪唯理主义哲学的发
展。笛卡儿主张用人的理性代替神的启示,用独

立思考代替对神的盲目信仰。这种与神学相对立的理性学说成为启蒙运动的思想渊源。最后是自然科学的发展，解放了人们的思想。自然科学的发展证明了人类理性的力量和改变自身命运的可能性，也传播了一种全新的探索真理的方法，即依靠实验、观察和归纳推理，而不是盲目地信仰权威、依据基督教观念来揭示自然界的奥秘。（宛华：《世界通史》）

启蒙运动源于英国。培根提出"知识就是力量"的口号。霍布斯提出社会契约说和国家起源说，反对教皇和天主教。洛克反对王权神授，提倡自由和宽容。赫伯特创立自然神学说，强调理性是寻求真理最可靠的依据。启蒙运动的中心在法国，涌现出伏尔泰、孟德斯鸠、卢梭、狄德罗等代表人物。伏尔泰推崇中国文化，鼓吹开明专制；孟德斯鸠提出了行政、立法、司法三权分立，互相制衡的原则；卢梭主张主权在民，指出人类不平等的根源在于私有制。

启蒙运动时，启蒙思想家对中国的认知不一。以伏尔泰、魁奈为代表的启蒙学者对中国文化表现出赞赏、倾慕的态度。他们极力推崇中国的政治、道德等，认为"中国人在道德、政治经济学、农业、生活必需的技艺等方面已臻完美境地，其余方

面的知识,倒是我们传授给他们的;但是在道德、政治经济、农业、技艺这方面,我们却应该做他们的学生"(伏尔泰:《哲学辞典》)。而以孟德斯鸠和狄德罗为代表的启蒙学者则对中国文化持贬低、批评的态度。孟德斯鸠指出:"皇帝事必躬亲,皇帝可以以'大逆罪'为由任意处置臣民,刑罚极端酷烈,等等。在他看来,中国是一个'只有使用棍棒才能让人民做些事情'的国家。"(孟德斯鸠:《论法的精神》)

启蒙思想的传播,勾画了资产阶级理想社会的蓝图,冲击了欧洲的封建专制统治,推动了资产阶级革命情绪的高涨。资产阶级革命以席卷之势横扫法国、英国和德国,进而扩展到整个欧洲大陆。启蒙运动也极大地鼓舞了殖民地和半殖民地人民争取民族独立的士气。美国和拉丁美洲的独立战争就是启蒙思想影响的结果。

5.4 分流与改组:明清时期的中国与世界

5.4.1 中西"大分流"

文艺复兴和工业革命后,中西方社会分别走上了不同的发展道路,出现了所谓"大分流"。

彭慕兰指出,公元 18 世纪以前,东西方走在一条大致相同的发展道路上,西方并没有任何明显的、完全为西方自己独有的内生优势；公元18世纪末19世纪初，历史来到了一个岔路口，东西方之间开始逐渐背离，分道扬镳，距离越来越大。这个分道扬镳的过程称为"大分流"。（《大分流：欧洲、中国及现代世界经济的发展》）

从黑格尔开始，西方学术界将明清时期的中国看作一个停滞的国家。赫尔德说："这个帝国是一具木乃伊，它周身涂有香料，描画有象形文字，并且以丝绸包裹起来。它体内血液循环已经停止，就如冬眠的动物一般。"（赫尔德：《中国》）费正清则说："明清是中国历史上社会秩序稳定的一个伟大时期。……不幸的是，在此期间，欧洲却经历了一系列翻天覆地的现代化发展……不过这并不表明明清两代便是历史的倒退，此间取得的成就亦不容否认。"（费正清：《中国：传统与变革》）崇祯五年（1632），宁波天主教徒朱宗元就清醒地认识到中国的不足。他说："道不拾遗，夜不闭户，尊贤贵德，上下相安，我中土之风俗不如也。天载之义，格物之书，象数之用，律历之解，莫不穷源探委，我中土之学问不如也。宫室皆美石所制，高者百丈，饰以金宝，缘以玻璃，衣裳楚楚，饮食衍衍，我中土繁华不如也。自鸣之钟，照远之镜，举重之器，不鼓之乐，莫不精工绝伦，我中土之技巧不如也。荷戈

之士,皆万人敌,临阵勇敢,誓死不顾,巨炮所击,皆使坚城立碎,固垒随移,我中土之武备不如也。土地肥沃,百物繁衍,又遍贾万国,五金山积,我中土之富饶不如也。"(郭廷以:《近代中国史纲》)

彭慕兰将中西方分道扬镳归结于"内卷化"。所谓"内卷化"就是"劳动生产边际效益递减"(黄宗智),也就是说,在中国江南地区农业靠增加每亩地投入的人工来换取更多的产出,但增加人工所获得的新增收益越来越少,也就是说"精耕细作"的回报是有上限的。而英国的农业生产普遍存在以休耕恢复地力的现象,通过引进新大陆作物及推广新的耕作方式,实现粮食增产,进而解放更多农民劳动力投入工业生产。

贡德·弗兰克强调,公元 1500 年至 1800 年,世界贸易的中心在亚洲,其中中国起着主导地位。(贡德·弗兰克:《白银资本》)他认为,明清以来白银一直流向中国。中国的主要出口货物是茶叶、丝绸、瓷器等。西方人在美洲发现的金银几经辗转都流向了中国。公元 17 世纪,有 2.7 万吨白银从美洲运往欧洲,其中 1.3 万吨被运往中国;公元 18 世纪,美洲向欧洲输送了 5.4 万吨白银,其中有 2.6 万吨转运到中国。鸦片战争后,魏源曾说:"今人只知中国之银出漏于外洋,而不知自昔中国之银大半来于外洋也。"(吴承明:《海国图志·军储篇》)据吴承明先生的"最谨慎估计",公元 16 世纪后期到 17 世纪初流入中国的白银起码有 1.5 亿两。(《16、17 世纪中国的经济现代化因素与社会思想变迁》)而根据百濑弘教授的"保守统计",从公元 1700 年到 1835 年,由西方流入中国的白银总额为 12 亿两左右。(百濑弘:《清代西班牙元的流通》)

王国斌认为:"尽管世界各地学者都将欧洲视为近代世界经济发展的中心,但就时间和空间而言,欧洲的这种领导地位是被过度夸张了。"(王国斌:《转变的中国》)荷兰莱顿大学傅瑞斯(Peer Vries)教授也强调西方崛起或工业化并非斯密所描述的自由市场竞争的结果,而是国家意志、海外贸易和奉行了军事财政体制造成的。与此相应的是,中国在近代以来并未像一些欧美国家那样走上工业化的强国之路,也并非缺乏斯密所说的那种市场经济体制。

5.4.2 "朝贡体系"瓦解

"朝贡"是中国古代对外交往的制度,"朝"乃朝见皇帝,贡是贡献物品。朝贡制度在古代东亚营造了一个以中国为宗主国,以中华文化为共同

认同点,各国和谐相处,华夷世界井然有序的世界体系。

汉武帝灭匈奴后,一些被匈奴欺压的国家纷纷投向大汉,朝贡体系由是确立。《隋书·音乐志》载:"每当正月,万国来朝,留至十五日于端门外建国门内,绵亘八里,列戏为戏场。"

公元663年,唐朝军队在朝鲜半岛白江口大败日本军。从此,日本加入朝贡体系之中。唐诗中有不少关于朝贡的诗句,如"千官扈从骊山北,万国来朝渭水东"(卢象:《驾幸温泉》),"万国来朝岁,千年觐圣君"(张莒:《元日望含元殿御扇开合》)。

随着中国的衰落,朝贡制度也随之坍塌。清朝仅有七个属国前来朝贡,即朝鲜(今朝鲜和韩国)、琉球(今日本冲绳县)、安南(今越南)、暹罗(今泰国)、苏禄(今菲律宾苏禄群岛)、南掌(今老挝)、缅甸。晚清,日本吞并琉球、朝鲜,法国侵占越南。这样传统的朝贡体系土崩瓦解。

儒家对外族的核心观念是以德、以礼、以仁服外人。《论语》云:"柔远人,则四方归之。"《左传》记管仲言:"招携以礼,怀远以德。"明朝规定:"凡贡使至,必厚待其人;私货来,皆倍偿其价。"据约翰·巴罗记录,乾隆五十八年,英国马戛尔尼使团在华的136天内,共花费清廷约52万两白银。而

据申学锋统计,乾隆五十六年的岁入约 4359 万两
白银,接待一次使团的花费就超过岁入的 1%。
然而以礼服人的背后实则藏着遮拦不住的优
越感。

5.4.3　西学东渐与中学西渐

明末清初,耶稣会士来华传教,带来了西方先
进的科学技术。明末的西学传播多在士大夫阶层
进行,徐光启、李之藻等人潜心学习西学,翻译了
不少科技著作。这个时期西学传播具有较强的学
术性。清初的西学传播多在宫廷内进行,皇帝成
了推广西学、主持中西文化交流的东道主。(冯天
瑜等:《中华文化史》)由于传教士所接受的神学训
练对科学知识的介绍有限,而且他们所了解的科
学知识也非当时最先进的,因而其介绍的西学所
产生的影响毕竟有限。

鸦片战争后,国门大开,西方各种学说伴随着
炮舰、商品涌入中国。首先,西方以坚船利炮为核
心的物质文明传入中国,洋务运动的兴起便是标
志;其次,西方以民主、共和为代表的制度文明输
入中国,戊戌变法和辛亥革命的爆发就是例证;最
后,西方以自由、科学为代表的精神文明流入中
国,新文化运动的出现就是代表。晚清,西学从物

质文明、制度文明到精神文明的传播，无论是在广度还是深度上，都较之明末清初西学的传播有了本质的蜕变。这次西学传播的主体，前期主要是传教士和少数官僚，后期主要是留学生和新学堂学生。

在西学输入中国的同时，中国文化也经传教士传入西方。利玛窦翻译了《四书》。耶稣会士鲁日满、恩理格等编纂了《中国的哲学家孔夫子》。传统儒家经典《易经》《尚书》《礼记》等先后被译成拉丁文和法文在欧洲流传。中国的历史、地理、文学等也被耶稣会士传入欧洲，如公元 1735 年，耶稣会士杜赫德编纂的《中华帝国志》中就收录了《赵氏孤儿》等。中国文化经耶稣会士介绍传入西方，为欧洲启蒙运动提供了思想养料，并刮起了一阵"中国风"，中国的茶叶、丝绸、瓷器在欧洲风行一时，甚至在艺术上以中国艺术为源泉的洛可可风格盛行起来。

5.4.4 东亚大变局

公元 16 世纪末，丰臣秀吉统一日本后，急于向外扩张，攫取海外利益。于是，丰臣秀吉把侵略的矛头指向了隔海相望的朝鲜，霸占其领土，掠夺其财富，进而侵略明朝。"尽移日本之民于其地耕种,以为敌大明之基。"(《李朝实录》)日本以战争相威胁,强迫朝鲜纳贡,朝鲜一方面遣使禀报明朝,另一方面据理力争。公元 1590 年,朝鲜被迫向日本纳贡。公元 1592 年,日本十七万水陆大军、七百艘战舰扑向朝鲜,攻陷平壤。日军所到之处,烧杀抢掠,激起了朝鲜军民的英勇抵抗。朝鲜水师在李舜臣的指挥下打败日本水军,大大鼓舞了士气。公元 1592 年,明朝派兵挺进朝鲜,重创日本军队,取得平壤大捷。公元 1597 年,日本再度侵略朝鲜,中朝军队联手打败日军。这场战争打出了东亚和平的新局面①,中朝宗藩朝贡体系得到巩固和加强,日本称霸东亚的野心顿时破灭。

公元 19 世纪中叶,日本经过明治维新后走上资本主义道路,其侵略的野心再度膨胀。公元 1872 年,日本吞并琉球,设置琉球藩。公元 1874 年,日本借口台湾生番杀害琉球民众,派兵侵占台湾,制造了"牡丹社事件"。公元 1885 年,福泽谕吉宣称:"我日本国土,地处亚洲之东陲……然不幸有邻国,一曰支那,一曰朝鲜……此两国者,不

---

① 这场战争在朝鲜和韩国称为"壬辰战争"或"壬辰倭乱",日本称为"文禄之役"与"庆长之役",明朝史书称为"东征"。

知改进之道,其恋古风旧俗,千百年无异。"(《脱亚论》)日本遂扩军备战,积极谋划侵略战争。公元1894年,朝鲜爆发东学党起义,日本以此为借口出兵朝鲜,并强迫朝鲜中断与中国的藩属关系。李鸿章却避战求和,对日一味妥协退让。黄海之战,北洋水师遭到日本侵略者袭击,主力尚存,但李鸿章却退避三舍,不敢迎敌。日本侵略者把战火烧过鸭绿江,蔓延至东北和山东半岛。慈禧太后吓得赶紧求和。公元1895年,中日签订《马关条约》,清政府向日本赔款白银2亿两,割让台湾、澎湖列岛和辽东半岛,开放苏州、杭州等城市为通商口岸。甲午战争的失败使得东亚宗藩关系解体,日本夺取了东亚地区的霸权。

6　余　论

6.1　中华秩序,从五服到九服

人类历史的早期,各民族之间相对孤立,民族自我中心意识是世界上普遍存在的文化现象。

上古时期,以黄河中下游为中心的王都所在对周边地区据有绝对优势,而当时的人对东亚大陆以外的情况基本还不了解,所以形成了一种王都所在即天下之中心的观念。《诗经·小雅·北山》:"溥(普)天之下,莫非王土。率土之滨,莫非王臣。"

《尚书·禹贡》构想了一种"五服"制度:"五百里甸服,五百里侯服,五百里绥服,五百里要服,五百里荒服。"根据这一结构,王所居的京城(王畿)以外的土地应该分为四方形的五等,每一等的四边宽度都是五百里。由内向外,第一等是甸服

（以农业为主的直接统治区），第二等是侯服（诸
侯统治区），第三等是绥服（必须加以绥抚的地
区），第四等是要服（边远地区），第五等是荒服
（蛮荒之地）。

《周礼·夏官·职方氏》："方千里曰王畿，其
外方五百里曰侯服，又其外方五百里曰甸服，又其
外方五百里曰男服，又其外方五百里曰采服，又其
外方五百里曰卫服，又其外方五百里曰蛮服，又其
外方五百里曰夷服，又其外方五百里曰镇服，又其
外方五百里曰藩服。"

从《尚书》"五服"到《周礼》"九服"，以中国为
中心的天下秩序逐渐形成。它包括地理中心和文
化中心两层思想含义，文化中心思想以领先于"夷
狄"的文化优势为依据，地理中心思想则以夏夷限
域的地理格局为凭借。因此，《礼记·王制》谓：
"东方曰夷，被发文身，有不火食者矣；南方曰蛮，
雕题交趾，有不火食者矣；西方曰戎，被发衣皮，有
不粒食者矣；北方曰狄，衣羽毛穴居，有不粒食
者矣。"

6.2 中国历史重心的转移

从"长时段"角度观察，中国历史的重心在其
漫长的发展过程中经历了三次大变化。

唐朝以前,中国社会是"东西轴心"时代,其政治、经济和军事活动总体上都是在黄河一带展开。从先秦到唐朝,中国内部的对抗是东部与西部势力顺着黄河的对抗,最后谁能控制关中,谁就能够得到天下。

宋朝,特别是南宋以后,中国的历史重心发生了重大转移,进入"南北轴心"时代。这个新的轴心就是京杭大运河,各种力量凭借它进行南北对抗。一直到清朝前期,这种格局和特性都没有发生根本变化,战争都是在南北力量之间展开。

无论是"东西轴心"时代还是"南北轴心"时代,古代中国政治经济的重心都在内陆,没有延伸到海洋。

鸦片战争后,中国的历史重心发生了重大的转移,进入"口岸轴心"时代。"五口通商"确立了沿海对内陆的优势,近代中国政治、经济、文化等活动皆围绕通商口岸展开。中国历史从陆地拓展到海上。

参考文献

[1] 斯塔夫里阿诺斯. 全球通史［M］. 北京：北京大学出版社,2006.

[2] SAM 艾兹赫德. 世界历史中的中国［M］. 上海：上海人民出版社,2009.

[3] 纪宗安. 世界历史：十六世纪前的中国与世界［M］. 南昌：江西人民出版社,2011.

[4] 托马斯·皮凯蒂. 21 世纪资本论［M］. 北京：中信出版社,2014.

[5] 荣新江. 丝绸之路与东西文化交流［M］. 北京：北京大学出版社,2015.

[6] 约翰·霍布森. 西方文明的东方起源［M］. 济南：山东画报出版社,2009.

[7] 爱德华·吉本. 罗马帝国衰亡史［M］. 北京：商务印书馆,1994.

[8] 贾雷德·戴蒙德. 枪炮、病菌与钢铁［M］. 上海：上海译文出版社,2006.

[9] 马克斯·韦伯. 新教伦理与资本主义精神［M］. 上海：上海人民出版社,2010.

[10] 彭慕兰. 大分流：欧洲、中国及现代世界经济的发展［M］. 南京：江苏人民出版社,2010.

[11] 贡德·弗兰克.白银资本——重视经济全球化中的东方[M].北京:中央编译出版社,2011.

[12] 黄仁宇.中国大历史[M].北京:生活·读书·新知三联书店,1997.

[13] 王国斌.转变的中国——历史变迁与欧洲经验的局限[M].南京:江苏人民出版社,1998.

[14] 何伟亚.怀柔远人:马嘎尔尼使华的中英礼仪冲突[M].北京:社会科学文献出版社,2002.

[15] 马克斯·韦伯.新教伦理与资本主义精神[M].北京:生活·读书·新知三联书店,1987.

后　记

史学在中国源远流长,如孔子作《春秋》、左丘明编《左传》、司马迁撰《史记》、班固写《汉书》、司马光著《资治通鉴》等。梁启超在《中国历史研究法》中断言,"中国于各种学问中,唯史学为最发达;史学在世界各国中,惟中国为最发达"。然而,中国传统史学"知有朝廷而不知有国家""知有个人而不知有群体""知有陈迹而不知有今务""知有事实而不知有理想",于是梁启超在《新史学》中倡言"史学革命"。这样,中国传统史学开始艰难转型,逐渐向西方现代史学靠拢。

历史研究是一切社会科学的基础,承担着"究天人之际,通古今之变"的使命。因此,任何时代、任何人都不能忽视历史学的参考、借鉴和规训功能。当今,一些人忽视甚至无视历史学的重要作用。习近平在致中国社会科学院中国历史研究院成立的贺信中指出:"历史是一面镜子,鉴古知今,学史明智。重视历史、研究历史、借鉴历史是中华民族 5000 多年文明史的一个优良传统。"

为了普及历史知识,迎接时代挑战,笔者在全校开设通识课程"历史上的中国与世界"。因缺少合适的教材，在学校教务处和人文素质教育研创中心的支持下，笔者将课堂讲稿修订成书。笔者在本书写作过程中参考并借鉴了诸多学者的观点，谨表谢意。囿于学识，本书在诸多方面存在不足，敬请读者批评指正，以便日后进一步修改完善。承蒙蒋承勇教授和程丽蓉教授的关心与厚爱，拙作有幸被纳入"网络化人文丛书"，笔者在此表示衷心感谢。

杨齐福

2019 年 6 月